改變世界的雙手

101個環保的善行

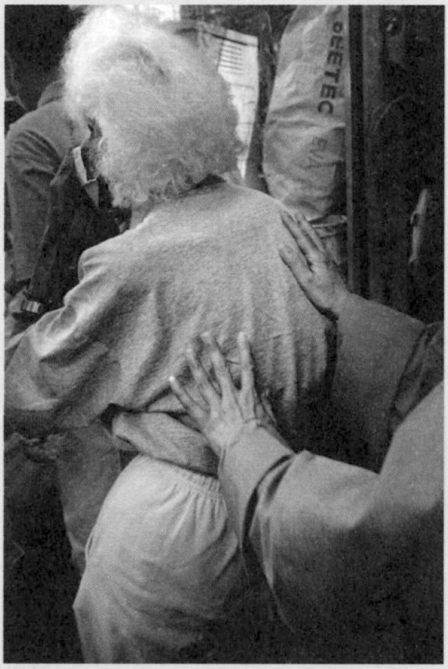

U0016640

康富環保站有位八十多歲的老菩薩，自六十幾歲起，每天推著一輛嬰兒車在四處收資源做環保。她曾因上人臨時無法至環保站，見不到面而難過不已。後來，上人聽說了，見到這位老菩薩時，溫柔地將雙手撫在她駝起的背上，用肢體語言表達說不盡的感恩與疼惜。
（攝影／阮義忠）

前言

環保三十，惜福再造福

三十年前（一九九〇年），「環保」這兩個字大家還相當陌生，也未受到重視。

同樣是三十年前，我因為在演講途中被臺下的掌聲打斷而有所啟發，所以說：「你們將鼓掌的雙手，拿來做環保。」我們的志工們就這樣開始伸出鼓掌的雙手來做環保，大家也都做得相當歡喜。

「對的事情，做就對了。」把掌聲換做環保的實作，志工們從自己足下的那一片天地開始，邊做邊學，向外推展。發展至今，將廢棄物回收，減少垃圾量之餘，更有許多回收物分解、再製與研發的巧思，獲得不少專利與國際認證。

三十年來，不只臺灣的環保做得有聲有色，連全球都動了起來。就像我常說的：「垃圾變黃金，黃金變愛心，愛心化清流，清流繞全球！」我們不只回收、照顧地球，又能物資應用，儼然成為一種典範、模範。

我未曾離開臺灣，只能守著眼前的這一片天地，但是每每想起，我真的很感動——我能說，我做不到、走不到……是慈濟人幫我走到、幫我做到的！

現在慈濟的慈善足跡遍及全球一百一十六個國家地區，其中六十三個國家地區有慈濟志工在當地生根，不論從事任何活動，志工們都會分享與推廣環保理念，讓清流環繞全球。

「環保」，也讓慈濟在聯合國有了新亮點；我們不僅獲邀參與聯合國氣候變遷會議，還獲得聯合國環境署會議觀察員（UNEP NGO Observer）身分。更重要是，「環保」不是口號，我們透過一支支回收的寶特瓶、一件件回收的塑料，製成各種環保產品，有衣服、鞋子、皮帶、毛毯……接下來還可以做更多有用的物品。

從環保回收，提升為物資利用，就不需要再去挖取更多能源，就可以愛護地球。

眼看氣候變遷的速度加劇，雖然我們做環保已經有些成績，但是腳步依然不能鬆懈。這是出於對保護地球的使命，更是對下一代的責任，要留一片清淨的大地給後代子孫。

佛陀早在二千五百多前就說過，人世間將會面臨驚世的災難，佛經中也記載著，未來人世間將會面臨極端的氣候變遷，以及地水火風不調和的情況。在這四大不調中，地大不調，從近年世界各國地震頻傳，造成很大災難，可以獲得印證。

人們恣意揮霍自然資源，造成各種天然災害，還危及地球生態的存續。只有節源愛物、少碳護生，才能減緩地球崩壞的速度。

二〇二〇年，驚世的災難已經臨頭，即使不斷呼籲，但我還是很擔心，面對目前新冠疫情的災難，應該要有的警示覺悟，仍然不夠；環保意識還沒抬頭，響應茹素者仍是不夠。

全球超過七十七億人口，真正響應素食者微乎其微；除了自我的努力與精進，更需要人人發揮個己影響力，邀請更多人參與，藉由虔誠的懺悔與慈悲心，遏止疫情再擴散，祈禱這一波疫情能夠快過去，讓社會工商再如平時。

一生無量，一個人聽見我的呼籲，再與更多人分享，從生活中落實減碳心生活的環保理念，以減緩天然災害的發生，讓人人都能有一個安穩的生活環境。

這些年一路走來，感恩現在還有科技來幫助我呼喚，聲聲呼喚；驚世災難，人人要抬頭覺醒，我們要伸出雙手，為了環保，惜福再造福。

編者的話——

造福人間，庇護地球

「每一天，我都在思考著佛法人間化。佛法是遍虛空法界，但是，人間法是與全球的生物、人物、山河大地合在一起，因為有山河大地，才有人間種種的物種，生活在這樣萬象萬物俱全的大地上，人類多有福啊！」

一轉眼，慈濟人做環保、疼惜地球，已經三十年。「做環保的手，是最美的手。」志工們總是身體力行，從清淨在源頭、清平致福、與地球共生息，儘管證嚴上人總是不斷呼籲，還是不夠。

二〇二〇年，新型冠狀病毒蔓延全球，面對這個無形且強大的病毒勢力，需要人人廣發慈悲愛心，經由正能量的匯聚，才可能緩解災情，讓人人回歸原本平靜的生活。正如佛經上所說，當災情形成了，是無法可阻擋，一直要到人人大反省，災情瘟疫才會慢慢消除掉。

至今（二〇二〇年九月）新冠肺炎疫苗尚未研發成功，人心惶惶不安，更需要互相關懷，尤其是對於確診預後的患者，我們不該有排斥的心理，而是需要彼此勉勵。

疫情何時能過去？各界專家仍在努力，但我們一定要有所覺悟。就像證嚴上人一再耳提面命，若從這一回的疫情來反思，實是人們過度取用地球資源，不尊重其他物種生命的行為，而形成了眾生共業。最好的做法，就是懺悔過去，即刻茹素。推素吃素，是環保志業中重要一環，也永遠是現在進行式。

此時此刻，面臨全球疫情的考驗，我們更希望透過這本書，重新「反思」大地的反撲，回首這些草根菩提寫下的感恩歲月，讓環保「蓬勃」發展；又如何從臺灣感動全世界，歡喜「收穫」；環保三十，我們更要惜福再造福，讓回收的資源重生「永續」。

「不只愛人，還要愛地球，土地平安，人才能平安。」感恩！

目錄

目錄

第四部
永續：物盡其用，延續物命

第一部

反思

環保護生，珍惜資源

第一章 地球生態

不只愛人，還要愛地球，土地平安，人才能平安。

——證嚴法師

1. 地球媽媽老了

地球也老了，就像人一樣。人老了，身體慢慢會有敗壞的時候；而天地的成、住、壞，就是它慢慢衰老的過程。

地球也老了，就像人一樣。人有生、老、病、死，出生以後，就一步步靠近死亡；地球的活動也有成、住、壞、空，形成之後穩定運作，接著是慢慢毀壞，最後消失歸零。

大家常常說天長地久，相對於人類短暫的壽命，地球生成、存在宇宙的時間，確實比人類歷史要更長更久，幾十年相對於幾十億年，的確是天長地久。

時間的巨輪推動宇宙改變，地球有其生為宇宙一員的自然變化，另一方面，地球上的人口愈來愈多，時代愈來愈進步，對立、競爭、追求、破壞亦正加快速度。

人類貪求生活的享受，對大地予取予求，不擇手段愈演愈烈，然而大地無言，無法控訴人類無情的破壞，也無能力抵擋，只能眼睜睜看著自己身上的血肉，因人類戕害而一塊塊崩塌、壞死。

天蓋地載之中，人類與萬物生存其間，頭頂著天，腳踏著地。土地載育萬物，大地的母親實在是忍辱負重，生養萬物卻不求回報，動植物因為她而繁茂，人類仰賴她以繁衍族群，並以聰智雄霸萬物。

大自然的一切生物若能自然的生，自然的滅，這個大地就能永續順暢運行。不過，很不幸的，問題還是出在自稱是萬物之靈的人類身上；人類，其實是萬物的病毒，人類是這個大宇宙間，深藏萬惡劇毒的瘤。

人類製造了化學污染、空氣污染、水質污染，整個土地拜人類所賜，寸寸含藏毒素與危機，這不就像宇宙大生命中的毒瘤嗎？

從前的土地可以自然過濾、分解毒素，以前沒有自來水，每個人都是屋前溝裡的水就取來用，晚上舀起來，倒在水缸裡放個明礬，隔天水清了就能使用。有的人家比較講究還加過濾程序，使用沙子、石頭、棕櫚，幾道手續過濾下來，就能放心飲用。

大地的運作都亂了，氣候亂，萬物生長也亂，這都是起自人的聰明，人人都說人定勝天，其實是人類的造作亂了天地。
（攝影／郭玲玲）

現在早已經沒辦法這樣了，過去有大地母親的庇護，現在她已經疲憊了，已經沒那能力將毒素吸納起來，已經沒那能力分解過濾。萬物賴以成長的植物、作物還是一樣吸收這樣的土分、這樣的水分，然後長出遭受感染的五穀雜糧。

我們若能好好想一下，大地的運作真的都亂了，氣候亂，萬物生長也亂，這都是起自人的聰明，人人都說人定勝天，卻是人類的造作亂了大地，很令人擔心！因為在大地上人類的毒念，已經將大地母親破壞得四分五裂，她已經沒有能力可以庇護大地眾生，不知大地的子女何時才懂得悔改，懂得回頭彌補母親的創傷？

所以，我常說，走路時腳要輕，踏上土地要怕地會痛。每次我講到這裡，心都很痛，因為這片土地，任憑萬物以及人類來踐踏，甚至不斷破壞、不斷毒化，結果已經惹來生活所需的五穀雜糧都遭受破壞，不知道什麼時候不再有一口純淨的糧食，到時候人類就要斷糧了。

這樣的時代可能會很快來臨，而現在已經在發生了。

2. 大三災與小三災

眾生共業啊！有形的災難不可怕，心靈的災難才是真可怕，人心如果沒有照顧好，這種破壞的速度將會愈來愈快。

世間會毀滅，來自於大三災與小三災。在壞劫時期，世界會出現大三災——水、火、風三種災害；更有小三災——饑饉、瘟疫、刀兵劫不斷發生。威力之大，能毀壞有情世間一切眾生。

而近百年來，隨著人心三毒「貪、瞋、癡」熾盛，造成天災人禍頻傳，無數生命飽受威脅，正應驗了佛陀二千五百多年前所預警的劫難。

大三災是大自然的災難，小三災則多數來自人禍。

小三災中的「饑饉」，起於天候不調和。全球溫室效應加劇帶來嚴重乾旱，田地無法耕作；有的地方則是水淹良田，農作盡失。如非洲南部、衣索比亞、中美洲等幾個國家，處於嚴重缺糧甚至斷糧的困境，全球有數億人口三餐不得溫飽。

「瘟疫」方面，二〇〇三年的「嚴重急性呼吸道症候群」（SARS）如隱形殺手般潛伏且蔓延全球，而世紀黑死病——愛滋，也威脅著千萬人的生命。

「刀兵劫」就是戰爭。隨著軍事科技進步，只要按下一個按鈕，就能毀傷無數人的生命。要在旦夕間毀滅人類，確實是輕而易舉。

3. 連心都被掏空了

二〇〇四年底，南亞大地震所引發的災情，實在令人憂心到無法用言語形容。眾生共業啊！惡的共業不斷匯聚，以致災難頻繁；然而，這種宇宙間深沉的道理，沒有人要去理解它，只停留在表面的檢討；沒有人知道，此時此刻應該做的，是要疼惜和膚慰的心。因為人心的亂流滯礙，天地就難以放晴，而地球所受的毀傷，已經到了快要不能負荷的地步了。

現在需要的，是有「膚慰地球」這分精神的覺者；就如佛陀，自覺覺他，覺行圓滿。十多年來，我不就是一直在呼籲眾人應該「覺醒」了嗎？

南亞災難所帶給我的憂慮，讓我擔憂到整個心「空」掉了。這樣的心情，這輩子出現過三次。

第一次是在出家之前，父親往生時，我感覺整個心都空掉了，不知道自己到底要做些什麼？只是一直問自己：怎麼哭不出來？我的心怎麼空空的？好像不知道什麼是悲傷。

一直到了七天後，才流下眼淚，接著眼淚就難以停下來，無論看到什麼都出現父親的影像。後來我心裡想：人死了之後，到底會去哪裡？於是我騎著腳踏車去豐原寺找妙廣法師，當時我開口就問：「我父親現在在哪裡？」法師沒說什麼，只拿了一本書讓我回去讀。

我從頭到尾不斷翻閱，不知道看了多少遍。書中所要闡述的道理，就是世間的無常；人生終究難免一死，每個人終有一天都會離開世間。從那之後，我的心對無常的感受特別深刻。

那是第一次感受到我的心被掏空。第二次，就是臺灣九二一大地震。當時，那種震盪與悲慟，甚至連我的眼睛都乾涸，眼淚再也流不出來，心都空了。一直到現在，這種乾眼症沒有好過。

第三次，就是南亞地震海嘯。從發生的那一天開始，我有時要說些什麼，要反應些什麼，會有些停頓，不知道自己應該要說什麼！那時候我特別想起在二〇〇二年歲末時，有人問我：「師父，您為什麼看起來那麼憂愁？」我也不知道到底怎麼了，為什麼會給人看來很憂愁的樣子，結果第二天，就傳來伊朗大地震的消息。

從那天起，我告訴自己，不能再憂愁；就算有憂愁，也要露出笑容。

但是，南亞大地震發生後，很難描述我的心情，心頭上的那種空，可能沒有人能夠理解，這種心情，是這一生的第三次了。只是一個地震啊！卻波及那麼多人，那麼多國家……

斯里蘭卡的形狀像瓠瓜，臺灣則像番薯，兩者都是四面環海的島嶼，只是斯里蘭卡比臺灣略大。當地的災情如此慘重，假如這波災難發生在臺灣呢？還能剩下什麼？所以人與人之間啊！不要再爭了！像這樣的天災一來，就幾乎什麼都沒有了。

4. 溫室效應

現今地球就像是火宅，人類破壞生態環境，使得地球溫度升高，「溫室效應」導致冰山融化加劇、海水漲高，甚至四季的天候紊亂，萬物失去正常生長的規則。

近幾年來，時常聽到因「溫室效應」而導致的許多災難，探究氣候反常的種種肇因，人們實在應該要有所省思啊！

《法華經》中，佛陀把這世界比喻為火宅，如今的地球，的確就像火宅，眼見耳聞都是令人心痛的災難。在這個時間與空間，生活、生態的變動，已經對整個大環境造成極大的影響。

人類破壞生態環境，冰山迅速融化、海水漲高，土地相對下沉；再加上化學污染、空氣污染、水源污染等。許多破壞大自然的污染，連臭氧層都破了洞，甚至四季的天候紊亂，看我們所吃的青菜、水果，有的本來是冬天才生長的，現在夏天也有了。這其實是萬物失去了正常生長的規則。

人類破壞生態環境，「溫室效應」導致冰山迅速融化，造成各種污染。
（攝影／陳弘岱）

「戒」是人的根本、生活的規則，亦即道德倫理軌道，然而，現代人心不依循人理，所以天時、氣候也不按天理。

此外，為了滿足口欲的快感，人們以化學飼料大量餵養動物，化學飼料不但破壞動物與人體的健康，其中的化學成分也污染了大地；而土地被大量開墾以種植牧草及畜養動物，於是樹木大量減少，致使空氣難以淨化、土石流難以預防……

諸多原因促使全球不斷暖化，而這一切，都來自人的欲念。

5. 四季不分明

古時農民將一年分成廿四節氣，順著節氣運用智慧，把握季節順序，身體力行耕作，這是天時、地利、人和的結合。隨著不同的季節，生產與其應合的五穀雜糧、蔬菜水果；譬如在市場看到茼蒿，就知道年關將至，看到蘿蔔即知此時是冬天。

現代則為了整年都能供應各式作物，以人為方式改變自然，除了需要額外耗費能源之外，還過量使用肥料、化學藥劑來刺激植物大量生產，噴灑農藥以避免菜蟲。

其實大地之上，生物與作物之間關係密切，如昆蟲的屍體能提供土地養分，為土壤保持自然法則的循環，作物則給予昆蟲必要的糧食。以往稻田收割後，能看到白鷺鷥散步田園覓食的自然景象，現在很難得看到了。

自然萬物一定要調和，調和就是健康、就是平安。氣候調和，四季分明，在臺灣，冷的時候冷，春天涼爽，秋天會有秋老虎，夏天就是熱，這才是自然的氣候。

可是現在呢？已經不必等到什麼季節盛產什麼果蔬，春、夏、秋、冬都混在一起，不分明了，這真的是不調和。

人類想盡辦法挑戰大自然，種植不再顧慮四季，造成自然的氣候循環也開始衝破節令，帶給人類措手不及的震撼。在臺灣，從前颱風來襲前，大家會擔心狂風豪雨成災，再來開始出現嚴重的土石流，現在竟然不必等到颱風來，只要下一場大雨就能造成嚴重災情。

所以，我一直說：「來不及，來不及了！」來不及了，要怎麼辦呢？大家真正要戒慎虔誠，提高警覺。從前的人不也說「舉頭三尺有神祇」，如果常常用祝福的心，彼此說好話，善的聲波共振，一定能上達諸佛諸天聽來護佑地球萬物。

6. 四大不調——地

人類為了一念貪心，濫砍林木，造成水土保持失調，導致一下大雨就發生土、沙、石全部滾下來的恐怖景象，繼續下去，過幾年可能連整座山都要失去。

在每天早晨心靜下來時，內心的世界與身外的環境，應該都很明朗。若感覺順暢，身體就平安。「氣」雖無形，卻離不開有形的四大。什麼叫做「四大」？即地、水、火、風。天地萬物之間，無不都是由這四大組成。

所有堅質的物質都屬於「地大」，地底下有水，大地上有溫度（火）、空氣（風），四大能調和，萬物才能茂盛。

平常無事時，大地一望無垠，看來好像很堅固，其實很脆弱。回想起一九九九年臺灣九二一的大地震，仍然感到驚心動魄。當我到南投去勘災時，一路上所看見的山脈景象，讓人不忍卒睹，原本青翠的山，突然變得赤裸裸，一望無際都是枯黃的顏色；以前南投的風光是多麼的優美，卻在地震的瞬間，對人與土地造成如此大的災難。

而道格颱風過境臺灣時，同樣對南投地區造成很大的災難，那時我到信義鄉勘災，看到的是山崩地裂，我們走路必須不斷地閃避裂縫、漏洞，幾乎要用跳躍的方式才能過得去，人們說「柔腸寸斷」，應該就是這樣。

有位歐巴桑說：「想不到只是一個晚上而已，我們家就像開了一條水溝，整個都裂開，園地也跑到山下去了。」

一位較年輕的太太說：「一早起來時，門一打開，我們家前面五分多的地全不見了。」

我問：「不見了？到哪裡去了？」

「跑到隔壁人家的門口。」五分多地的梅子園，一夜之間就移到另一戶人家門口。

我又問：「原來那戶人家門口的土地呢？」她說：「他的土地移到山下去了。」

若不是我自己親耳聽到，親眼看到，任誰都很難相信，山竟然也會轉向移位。

為什麼只是一場大雨也會造成這許多災難呢？因為人類濫墾山林，甚至將整座山都開墾來種檳榔、蔬菜、水果，造成水土保持失調，雨後土石流狂洩而下的恐怖景象，讓人記憶猶新。若是再不警覺，這種情況恐怕更將惡化。

7. 四大不調——水

炎熱的氣候中，聽到清涼的雨聲，感覺很舒暢，也很期待；但是過度的豪雨，也會令人擔憂。

近年來常發生氣候反常的現象，下個大雨，就釀成水淹半樓的水災。為什麼？天災總是從人禍開始。幾十年來，人們一直砍伐山上的樹木，地球上許多雨林也逐漸消失。若是樹林廣大，大雨來時，雨水會灑落在樹葉，再從樹幹到樹根，由樹根吸收保護大地。所以，雨來了，它會慢慢滲入土地，涵養儲藏起來。

但是樹木被砍伐後，雨一來，就沒有樹林可以接收保護，大雨直接沖刷地面，表面水土一下子流失了，就變成土石流，一直流瀉出去，最後堆積在溪床上，幾來下年，溪床不斷堆積。

年紀大一點的人都記得，以前每一條溪裡都有水。溪水是活的，會一直流動，所以很清澈。那是因為雨落在山裡，山裡的泥土再慢慢釋放，水

雨水滋潤大地，而透過大片的樹林，更可以將雨水導入土壤中，涵養水分，保護大地。
（攝影／周幸弘）

就慢慢從上游到下游；所以溪裡常常有水在流動，溪水會比較清澈。

當時的溪床也比較深，水容易流動。更重要的是，那時的工業還沒有那麼發達，人口也沒有這麼多，所以，大自然的運作很順暢。現在因為人口多，大家生活競爭，百業競爭的結果，人與大地爭、與自然爭，所以不斷砍伐山林，將木料外銷。樹林減少的結果，造成一下雨就形成土石流，山上土石流，山下溪床高，大雨一來容易溢流、潰堤，有些地方雨水排不出去，沿海海水又倒灌，淹水災情只能雪上加霜，財產的損失不計其數，人員的損傷亦時有所聞。

我們既然對這塊土地有這樣的傷害，現在大家知道傷害大地的原因，就應該開始做回饋的工作，讓受傷的大地有復原的機會。

8. 四大不調——火

現在的氣候，溫度不斷升高。二〇〇三年，歐洲發生嚴重的乾旱、高溫及熱浪，法國、西班牙、義大利和葡萄牙等地，更引發森林大火，令憂心的前天主教教宗若望保祿二世，出面帶動教徒誠心祈雨。同年，加拿大的森林大火連續延燒一個多星期，空中的滅火無效，地上的滅火也沒有用。當地學者提出，除非連續降下大雨，才有辦法滅火，因為人工的滅火早已經力不從心。

二〇〇五年，慈濟為伊朗地震災區興建五所學校。動土時，大愛電視臺馬儁人先生前去採訪，回來後聽他說起，當地四月份的溫度竟高達攝氏四十七度。我不太能感受四十七度到底有多熱，他舉了個例子，手機放著，電話來了，要去拿起來聽時就被燙到了，這樣我們大概就能體會到那個溫度。

一般人感冒發燒，若是達到三十九度、四十度，神經系統就幾乎要受損了，何況在大自然中熱到這樣的程度，這就是火大不調。

乾旱、森林大火，同樣也是水大與火大不調，若是加上風勢助陣，那就是再加上風大不調。整個地球的氣流、氣候一直在變，所以造成了水、火、風三大天災，雖是天然的災害，卻也是人禍造成的；天地之間氣候不均勻、人心不調，總而言之，罪的源頭都是來自於心。

所以在天地宇宙之間，最重要的就是「調和」。能調和才能平安，不能調和，就會導致災難。因此，期待大家守護好自己的一念心，守好本分，多做一些好事，好好節約資源，才能告別災難。

9. 四大不調——風

二〇〇一年七月三十日，桃芝颱風登陸臺灣，一夜風雨，造成多少家破人亡，東部與中部災區滿目瘡痍，這場災難不下於「九二一」大地震，而且兩者之間實有很大的關聯。

九二一地震後，山地土質鬆動，在復建的過程中，常有違反自然的情況，加上滿山遍野種植檳榔樹等淺根植物，水土無法保持，這些人為的破壞，加重了受災的程度。

當時花蓮的光復鄉大興村也因為風災造成土石流，掩埋了十多戶民宅，約兩百位災民暫時被安置在大興國小活動中心與教室內。許多救災單位與慈善機構都在此駐站救護災民，慈濟也設了服務站，提供膳食及醫療等服務。

教室外的走廊到處是人，志工們正忙著填寫災情評估表以及應急金發放名冊。我進去教室看看大家，有位阿伯哭著說：「家中十四口人只剩四人，十個人失蹤了，現在只找到四具屍體……」聽到這樣的遭遇，怎不令人心酸！

災民多，救難人員也多，有許多阿兵哥頭戴斗笠，腳上穿著長筒膠鞋來幫忙救災，還看見消防局、義消人員以及其他慈善機構的愛心人士，在此進進出出幫忙，臺灣人的愛心畢竟還是很濃厚。

10. 還地於自然

宇宙無涯，然而地球承載有限，大地能有多少資源供應眾生？一九九〇年，聯合國訂定每年的七月十一日為「世界人口日」，希望能藉此提醒大家關注人口問題。科學家曾估算，地球只能養活一百億人口，一旦到一百五十億人就有重重危機。

人類的破壞之可怕，能從歷史中考究出來；有一群熱中於地理環境、生態研究的學者，找到一千六百多年前的一個遺跡——樓蘭國。樓蘭國是歐亞絲路上的小國家，由於是貿易必經之路，曾經繁榮一時；然而繁榮鼎盛的國家，為何會消失而終被沙塵淹沒？

考古學家在遺跡上發現殘餘的麥，還有木材，證明這塊土地過去曾有良田、森林，是綠意盎然的地方。原本當地有許多胡楊樹，在樓蘭人的日常生活中，用途很廣，不但可以作柴火、家具，他們還會用一種小管子取胡楊樹汁治病。研究顯示，可能是因為通商，人們來往密集，而人類總有一分貪念，所以大量砍伐樹木，導致沙漠化及小國沒落。

鑑古知今，我們應該深引為警惕，尤其現代人破壞地球的方式與速度，與古代完全不同；過去只是用人工砍伐，現今是用重機器開山、深掘，令人膽戰心驚。

人心欲念無窮，為了物質享受，不斷向自然爭地。傳統鄉村紛紛開發成為都市，綠油油的田地、果園，變成高樓大廈林立的大都會區，人口愈來愈密集，交通愈來愈繁複，泥土地搭建起一層層的高架橋，高山的森林被砍伐供應家具、造紙原料等。

尤其高山地區的林木保育被忽視，長期開發，從日治時代，日本最好的建築物都是取臺灣的檜木建設。光復之後，政府為了提升經濟，開放木材外銷，大量砍伐臺灣的山林，後來發覺水土保持受到破壞，於是禁止伐木，不過盜伐仍時有所聞。

除此之外，不斷地在山區開路，發展觀光事業。曾聽學者分析：「砍伐樹林讓大地所受破壞為十倍，開路則是百倍。」有路就會有破壞，每次

珍惜自然界原有的好山好水，就是好風水。
（攝影／劉秀觀）

看到風災受創嚴重的地區，空照圖是整片山崩垮，真的很可怕。有位教授曾告訴我：「過去山上下雨超過一千毫米會面臨崩塌，現在則是一百毫米就會崩塌了。」

以前人常說不要破壞風水，其實所說的「風水」並非地理方位的迷信，而是珍惜自然界原有的山貌、水脈。倘若破壞溪河，壟斷水脈，河水無法流通，自然會四處漫溢造成災難；如同我們身體的血脈，通順時人就健康，一旦不順就會生病。

大自然不容許人們不斷地破壞，開發應適度，為了標榜經濟發達，處處山林變成觀光地區，大肆闢建高速公路，開挖山區，大小車輛來回輾壓，大地如何受得了？

臺灣如汪洋中的一葉孤舟，經不起大風大浪的侵襲；人人都要慎思：如何才能保護自己與子子孫孫的平安？現在是人類要覺悟的時代，不能只著眼於眼前的短暫利益，加重地球的負擔。試想，享樂之後，心裡留下了什麼？跑到遠處享受，丟下垃圾，快樂以後曲終人散，何樂之有？

現在許多高知識分子、學者，對地球現況清楚了解的人，都在大力呼籲環保，各國已漸漸地凝聚共識，如南韓曾造起一條高速公路，後來發覺會破壞環境，趕緊拆毀，恢復自然生態，這就是勇氣；又如荷蘭眼見海水不斷地漲高，以往總想藉由建設水道、擋水設施降服海洋，建築一個水世界，如今當地學者分析，應該還地給大自然，與大自然和平共生息，這就是智慧。

11. 碳平衡，心平衡

「碳足跡」一詞，大家都很熟悉：人類生活愈文明，就會消耗愈多的資源，排放更多二氧化碳，留下碳足跡。想想，只是我們的呼吸都會排出二氧化碳，再加上工業製造過程、交通來往、衣食住行的過程等等。如何才能讓大氣結構調和？這需要大家響應在日常生活中落實環保；最怕的是心不平衡，心若不平衡，如何能平衡碳足跡？

較令人擔心的是，人心的自私症候群。其實能知足與感恩，都可平安度日，把握良能發揮人生價值；若是貪求無厭，沒有感恩心，時常為了謀取私利而在社會上掀起風浪，生活如何安定？

自本世紀初迄今，全球發生多次強烈地震——大地裂開、樓房倒塌，連數百年、上千年的古蹟也坍塌毀損。倘若天地之間不平衡，人還爭什麼？只圖己利對自己有何幫助？自然界的不平衡，溫室效應導致氣候異常，人類的生活也將面臨危機。

當務之急，應保護地球不再受毀傷，我們必須用愛，而且是無私的大愛去疼惜。社會上若是多數人仍以「私我」為重，而為所欲為，不為他人著想，地球就沒有恢復生機的時候，大家也沒有寧靜的日子。

幸好有愈來愈多智慧型的覺悟者，致力宣導環保觀念。大自然是大乾坤，身體是小乾坤，身體生病時需要有抗體抑制病源；大乾坤病了，也需要抗體的療護。環保尖兵就是免疫抗體，免疫抗體若足夠，自然病毒、細菌就會被降伏；希望天地之間達到碳平衡，大家能心平衡。

佛陀教育我們，人人從自己本身做起，自我淨化，化掉私己的心，去除偏私的愛，為大我而付出，也會有對大地、人類的大愛；若是能向內自修，所看到的一草一木、一滴水、一分陽光，組合起來就會是真正美麗清淨的世界。

大家以智慧合心合力推動「碳平衡」運動，令人佩服也讓人放心；我們不要怕人少力量小，只要有帶動、有響應，就會有希望。

而今已有許多學生不僅在校園裡推動環保，也利用週日到校外，挨家挨戶宣導資源回收；附近居民了解回收的意義後都非常支持，紛紛將紙類、寶特瓶等分類妥，讓學生們前往回收，也有居民被學生們的熱情所感動，進而參與整理分類的工作。

此外，學生們積極推動「新食器時代」，首先向同學們宣導——不要購買包裝不可回收的飲料、食物，並請隨身攜帶環保碗、筷、杯；然後走出校園，挨家挨戶向餐廳、飯館宣導，請商家的老闆們支持，若是自行攜帶環保碗筷用餐，能給予優惠。有不少商家熱烈響應，學生們將省下的錢存入助人基金，不但達到環保的目的，也可以幫助他人。

期待人人都能有智慧的覺醒，用疼惜的心共同推動環保。

12. 太空垃圾

佛陀所說的三千大千世界，是浩瀚宇宙之間數以億兆計的星球，但以人類有知的探索領域，卻還沒發現有與地球一般富有活躍生態的星球。在宇宙間，除了地球以外，還有其他的世界，但是其他的世界，也是沒有人的世界，所以我們要珍惜，有生命的世界，就是在地球。

現在的科技，例如太空梭、衛星一顆一顆一直發射出去，要去找出其他星球有沒有生命？到目前為止，也證明了很多星球還沒有發現到有生命，它的生態是乾枯、沒有綠意，而地球總是綠意盎然。

但是，我很憂心，現在人類製造的垃圾，已經從地球上滿到太空中。已故的烏克蘭太空人卡德尼克．里歐尼（Leonid Kadeniuk）曾於二〇一七年十一月二十七日到臺中慈濟，他跟我說到：「太空的垃圾很多。那裡沒有環保志工，怎麼辦啊？」

我就問他說：「那垃圾從哪來？」

他就說：「從地球發射出去。那些要探索宇宙星球的衛星、器材，都發射到了太空，沒辦法再回來，所以都破碎掉，飄浮在太空中。」

現在連外太空都有無法回收的垃圾，難怪佛陀形容人間將成為五濁惡世。這眾生濁、命濁、煩惱濁，這些濁氣一直造成了這個地球、空氣，全都已經濁氣滿滿了。

地球的生態可以永久不變嗎？很難。溫度又不斷升高，在這個空氣中，大氣層不斷受到污染。我們又受到外界環境的影響，眼不明、耳不清、心不正……種種意識造作產生負面的識覺而自得煩惱，也就是佛祖說的「煩惱濁」，都是因為人的貪念，不斷製造爭端。

儘管自然環境的惡化令人有「來不及」的感受，但我們對佛陀指出的「菩薩道」有信心。

在臺灣，我們要發揮愛心。信，我們要有正確的信仰，行八正道，要知十二因緣，更要清楚四諦法，還要力行六度萬行。這都是薰法、聽法。就像我每每對大眾的開示都不離人間事、不離佛法，唯有解開了人的迷茫，讓人不續造惡業，世間才能轉危為安。

世上沒有永恆不死的人生，人間沒有永存的物資；因此，更要善加利用我們的身體、生命，每天都不空過、不浪費生命，無愧於心，這樣的人生才有價值；因緣果報，就會帶你到有緣的地方，再接再修行。

世間仍是多苦，人仍有生老病死，大家要善用生命良能，提升自我生命價值。長時修，無間修，修行之路看似漫長無止盡，卻也只是在當下的時時刻刻，毫無偏離。

第二章 水資源

人人心中湧現淨水，
才能拯救發燒的地球。
——證嚴法師

13. 節約用水

地球有多大？土地有多廣？能供給我們的資源又有多少？平時隨手可得的東西，人們往往在不知不覺中浪費掉；等到失去了，才知道原來如此寶貴。例如水資源——「水」是日常生活必需之物，水土保持得宜才能保障萬物生命。

記得當初我離家到鹿野時，常到馬路對面去挑水。挑水非常辛苦，難以一口氣就直接挑到廚房爐灶旁，總是在挑了一段路後，要停在大樹下稍做休息、喘口氣。

所以每次到了鹿野，不由自己就會對那幾棵大樹多看幾眼。如今回想，那桶水實在不好挑啊！

以前的人因為挑水很辛苦，用水也就很節儉；現在的人只要水龍頭一轉，就有水流出來，相對的也比較不珍惜。許多人光是洗個手，在打開水龍頭後，就任由水大量流出，清洗轎車及家庭用品時，也損耗相當多的水

「水」是大地自然萬物生命所必需，更需要好好珍惜。
（攝影／蕭嘉明）

量，直到發生水荒，必須限水、停水時，才能體會水資源的重要。

知福、惜福的意義是，不論使用什麼東西，都應心存一分愛來疼惜，尤其在宇宙之間，水是萬物的大生命，長養大地萬物都需要水，沒有水，人無法存活；水髒了，人也會失去健康。

很久以前，我就一直呼籲要節約用水，我自己一早起床洗臉時，都會先將一個小小的水盆放在水槽裡，將洗臉後的水用來洗手，再用來沖馬桶。地球的人口不斷增加，用水就會增加；但我們只要有一顆疼惜的心，以全臺灣兩千多萬人來說，每個人省下一杯水，就能節省多少水資源。

請大家對水也要疼惜啊！

14. 水是大生命

人老了，也要過一個「老可愛」的人生。有一位八十多歲的阿婆，雖然沒受過什麼教育，可是開口都是好話，還會用行動來勸世。

她是一位非常惜福的環保志工，一生中走過很多坎坷的路途，但每一步都是踏踏實實走過來。她呼籲大家要多做善事，她說人本來都有劫數，有業障，來到世間就是要好好趁著有生命的時間，好好地做好事，她常常都是這樣勸世。聽聽看，多富有哲理的一席話啊！

她還很節儉，看到她穿著一件漂亮的洋裝，開心地說：「這件漂不漂亮？美不美？這件已經穿了二十幾年了。」穿著上，她也很自由很自在，反正就是個惜福的人。而且更重要的是，她不斷叮嚀大家要省水，如果不好好省水，將來就沒水可喝了。

她如何節省水呢？她家裡臉盆擺了滿地，裝著可以重複使用的水。她還示範給大家看，身上流汗有汗臭味，用毛巾搓搓擦擦就可以了，不必

世上仍有很多地方陷於缺水困境，導致旱地無法栽種糧食。
（攝影／蔡凱帆）

浴缸泡澡費事費水。她說現在的年輕人都不懂得水的來源，從前的人都要挑水。的確，還記得小時候在鄉下，同樣看到大人在挑水，確實很辛苦。

其實我們能缺少水嗎？沒有水能活下去嗎？當然不能。所以我們應該要珍惜水資源。何況現在缺水已經變成世界性問題，很多乾旱地區沒有水，導致地上的雜糧無法種植耕耘。

常說：「杯水可以成缸」，若是每人能省下一杯水，倒在一起就是整缸的水；我也常說：「粒米成籮，滴水成河」，大家多節省，就可以集成很多的資源。

的確要呼籲大家重視水資源。阿婆這麼說：「水是大生命。」聽了阿婆說的話，大家和我又學了一課──「水是大生命」。

15. 滴水和尚

曾看過一則故事——古時候有位小沙彌，一日師父告訴他：「沐浴水太熱了，你提一點冷水來。」

小沙彌趕緊提一桶水倒入浴盆，倒了一半，師父說：「夠了。」

小沙彌隨手將剩下的水倒掉，師父見狀便訓斥他：「你怎麼可以如此浪費？即使是一滴水，都對生命大有用處。」

小沙彌年紀雖輕，在老和尚的鞭策之下，卻若有所悟：水與人的生命確實息息相關，無論食衣住行無不需要水。他從一滴水深入思考，逐漸悟出世間許多事物的道理；後來即以「滴水」作為法名，就是日後受人尊敬的滴水和尚。

古賢大德能從一滴水悟出道理，我們在日常生活中也應多用心，用水要珍惜。以前的修行者過著叢林生活，要用水必須到山谷水澗挑水；輪到挑水的人，真的很辛苦。有一次輪到一位老和尚挑水，從山下辛苦地挑回

個人做，力量很小，所以要將觀念推動出去，大家一起節省水，力行環保生活。（圖為將洗菜水外接至戶外陽臺澆花使用。）
（攝影／王鳳娥）

山上，看到大家洗衣服時，很浪費水，於是他將水放下來，嘆口氣，對大家說：「同修啊，《水懺》很難誦。」

法譬如水，《水懺》一再教育我們，生活要很謹慎，不要一念無明起，讓貪、瞋、癡招惹成行為的錯誤。我們要自我反思：即使只是在用水的當下，是否做到珍惜水資源？

我們精舍的建築都有回收雨水的設計，也就是將雨水收集到地下，要用水時盡量不用電抽水，而是用幫浦，恢復早年用幫浦汲取井水的情景。有次我見幫浦已經做好一段時間，雨水也在地下囤積，就問：「這個有沒有在使用？」

我壓壓看，感到很有趣，不需耗很大的力

氣，只要壓一下，水就流出來。旁邊同時做一個水井，這都是節省資源。我們清洗用具，沖洗馬桶都可以使用，雖然比較辛苦麻煩，不過回歸古早生活，既簡單自然又令人懷念。

我們常在不知覺中浪費，感受氣溫逐年攀升，實應好好地省思：到底與我們有沒有關係？倘若大家都能及時回歸樸素、勤儉的生活，一個動作也是環保，應該能慢慢地緩和溫室效應。

一個人做，力量很小，所以要將觀念推動出去，大家一起節省水，節省紙張，疼惜物品。不要輕忽這些小事，古云「莫輕善小而不為，莫輕惡小而為之」，須知「水滴雖微，漸盈大器」，一滴滴的水累積起來也很可觀，該做的事我們應積極力行；不該做的事，就必須謹慎防範。

16. 歐巴桑的水撲滿

我看到大愛臺採訪一位環保志工，節省行動多年來始終如一，「能做就不買」、「隨手關燈」、「節約用水」的原則，真的很有心。

已參加培訓的許瓊英在採訪時候說：「上人提倡水撲滿、米撲滿、電撲滿……我覺得水撲滿我可以做，上人年紀大負擔很重，弟子應該要跳出來！」

所以看到她家廚房的洗水槽，只要一轉開水龍頭，自來水嘩啦啦的流，連接水槽的排水管就將這些洗菜水緩緩運送到菜園裡，然後菜園四周的排水管就慢慢宣流出水，灌溉屬於她的開心農場。

一滴水都不浪費，循環運用的想法，她說，是常常要提水太累了，如果能讓一般人省水又省時間，「節約」才容易推廣！所以開始思考出要以「系統化」來省水並省力，雖然不懂工程設計，竟也開始研究省水管線的裝設。

除了廚房的「省水裝置」，還有浴廁洗手檯下方裝設截水管，讓截取的回收水流入水桶中，用來刷洗浴室、沖馬桶；大門口的洗手槽下方水管加設延長管線，一直延伸到菜園四周，並在菜園周邊管線上挖鑿出水孔，每當洗菜時，洗菜水就自動分流至各管線，乾燥的菜園裡漸漸被汩汩流出的水浸濕了。

自家的回收水自動澆灌系統完成後，兩個多月來省下一百多元的水費。為了讓大家對省水系統更了解，從未學過攝影的她還拿起攝影機，拍攝自家回收水裝置，仔細記錄每一個細節，詳細拍攝執行成果。

不僅參加讀書會時分享省水心得，更希望生動的影片能引起大家裝設的意願。為了推廣這個省水系統，還拿起麥克風分享，告訴在場的師兄、師姊，願意免費幫大家裝設，讓大家把力氣省下來做慈濟！

只是，她等了一天、二天過去了，電話都沒有響……到了第四天，終於忍不住，自己開始連絡師姊，對方答應後就帶著自己的道具去安裝。

到了現場，她仔細觀察屋內管路，還要樓上樓下陽臺跑，從工具箱中拿出鐵鎚、鑿子，施做時不時得注意腳步的穩固。不消半天的功夫，省水系統就已大功告成。滿身是汗也不以為意，欣喜的心情掩過疲累。沒有學過工程，竟然能施做成功，還幫法親省水，許瓊英連做生意煎餡餅時，嘴裡也不停地哼著歌曲，笑說自己歡喜做，應該是使命感吧！

「用心就是專業」，不論是省水、惜福，只要有心，我們都可以為環保盡一分心力。

第三章 環保回收

資源回收的目的，
在於提倡與教育人人懂得惜福。

——證嚴法師

17. 環保就是保護大地

臺灣是淨土，有青山、有綠水，如果大家有心一起來整頓，我們的家園會更美麗，希望大家能以鼓掌的雙手做資源回收。

一九九〇年八月二十三日，應吳尊賢文教公益基金會的邀請，當晚我在臺中新民商工有一場演講。

那天清早，我先去拜見恩師印順導師，經過一處夜市街道時，看到人群散去後滿地都是垃圾，風一吹，垃圾四處翻飛。這麼漂亮的街道，兩旁聳立著高樓大廈，一大早應該是很清新的景象，可惜滿地都是垃圾，這大概是前一晚夜市收攤後所遺留下來的「禮物」。

所以晚上在演講快結束時，聽到臺下聽眾心有領會而熱烈鼓掌，我念頭一起，就告訴大家：「人說臺灣是寶島，而我說臺灣更是淨土，有青山、有綠水，是美麗的寶島，如果大家有心一起來整頓，相信我們的家園會更美麗，希望大家能『以鼓掌的雙手，回去將垃圾分類，做資源回收』，建立人間淨土，這是我所期待的。」

將近一個月後，我再到臺中分會時，有位年輕的小姐來找我。她說：「上個月我聽了師父的演講，師父談到用鼓掌的雙手做資源回收，當下就覺得這件事我可以做得到，所以回到家就開始進行了。」

我說：「哦！那妳是怎麼做的呢？」

她說：「我到附近的每戶人家去拜訪，不論是家庭主婦或阿公、阿婆，我都挨家挨戶的把您說過的話告訴他們，請大家把紙類收集起來，若是瓶瓶罐罐就另外放，分類好，我每週都會去收一次。」

結果許多家庭都受到感動，願意主動配合，她把這些資源回收整理後變賣，所賣得的款項還點滴不漏地捐給慈濟。

聽到這位年輕的女孩不怕髒臭，有這種大願大力，我讚歎地說：「妳的精神很可嘉呀！」她卻只是滿臉帶笑，覺得是在盡本分而已。

然而這分精神鼓舞著我，是啊！如果社會上人人都像她一樣，哪裡還會有垃圾問題呢？她是一位很年輕的女孩子，看來大約只有二十多歲，若

一群七、八十歲的老菩薩，一起響應「用鼓掌的雙手做環保」。
（攝影／陳弘祥）

無一番明淨的徹悟，又如何能夠放下人我之相，不顧別人詫異的眼光，挨家挨戶去向大家宣導垃圾分類？這就是「破除我相」。破除我相並不是一件容易的事，要身體力行更難，而她難行能行，這就是最難得而美麗的人生！

從此開始，中部的慈濟人受到啟發，也跟著動了起來。接著，我一路從北到南，向全臺灣的慈濟人宣導資源回收。每當大家鼓掌時，我就說：「希望大家能用鼓掌的雙手，幫助我成就一個願望——那就是資源回收。除了減少垃圾，更可以回收資源再利用。」

在各地呼籲之後，各地的慈濟人真的是「一眼觀時千眼觀，一手動時千手動」，不分老幼一起響應，實在令我很感恩。

我常說人是天生地養，我們生長在這塊土地上，土地生長萬物讓我們維繫生命，可說是萬物之母，所以人人都有責任跟土地說一聲：「感恩！」都有責任就要發揮疼惜的心，來保護這一片大地。

很感恩許多高知識分子對資源回收也開始改觀，共同為保護地球環境、解決環保問題付出力量，讓大家知道日常用物的製作過程，以及回收再製的過程，包括一張衛生紙，每一件物品都得來不易，懂得珍惜、不再浪費。

「環保」，就是保護大地。現代人的環保意識已經升高，每個人若能用虔誠的心認真來做，就能帶動整個家庭，甚至左鄰右舍、整個社會，再推展到國際，那麼，這股力量就很大了。

18. 資源回收分類

過去幾年間，每次看到臺灣哪一個地方淹大水，水退了以後，就會有很多的垃圾，整條街道都可聞到很臭的垃圾味，但是近來卻很不一樣。

近幾年來，因為垃圾減量，排水道沒有被垃圾堵住，所以水退了，街道也變得乾淨。垃圾減量的方法，來自於資源回收；資源回收則一定要預先分類。

二〇〇五年夏天，我到了南部，行經淹過水的臺南學甲、麻豆等地方，只是看到有些地方濕濕的還沒有乾，卻都很乾淨，不再見到垃圾滿地。近幾年來，因為垃圾減量，排水道沒有被垃圾擋住，所以水退了，街道也變得乾淨。

路上我就一直在想，真的很令人感動。為什麼感動呢？因為想起了垃圾減量，正因為垃圾減量，所以水漲起來時，排水道沒有被垃圾堵住，水可以退的地方很快就退了。水還沒有退的地方，也沒有看到垃圾浮在上面，當水退了，能感覺到街道乾淨，就是因為垃圾減量。

垃圾減量的方法，來自於資源回收；資源回收則一定要預先分類。慈濟的環保志工們，很仔細地在推動資源回收及分類工作，而且他們不斷地用心、細心去思考，如何能用半自動化的方式，用輸送帶來輔助分類。

垃圾倒下去，人站在輸送帶旁邊，玻璃就分類出來，塑膠的也分類出來，還有鐵類、銅金屬等等。紙張也可以看到，白色的另外分類，印刷過的也把它分類清楚。有些塑膠瓶是用鋁做瓶蓋，所以環保志工們連瓶蓋都要一個個拔起來，妥善歸類。

看看那樣細心地分類，實在是很難得。玻璃罐也要分色，白色的歸白色，咖啡色歸咖啡色，綠色的歸綠色，也是同樣把它分得非常清楚。真的很令人感動。

19.紙張分類有學問

默默地回收，仔細地分類好，送到資源回收場時就不必再麻煩別人，環保志工就是那樣的貼心。

真的很尊敬這一群用心用力的環保菩薩，不僅回收，還要細心去分類。有的已是八、九十歲的高齡，也坐在那裡，將各項分門別類得很仔細，單是紙類的分類就很細心。

我問他們：「全部的紙都綑一綑就好了，為什麼還要這樣一張一張拆開？」

他們說：「這裡面有白紙。」

「白紙和印刷過的有什麼分別嗎？」

「有啊！白紙一斤多好幾塊錢。」

看，一本書才有幾張白紙，但是他們那麼細心，連紙張裡面釘著的釘子，也要一一拔起來，另外分類。

從紙容器回收加工的紙漿，由正隆紙業製成淨斯環保衛生紙，共同為環保盡一分心力。
（攝影 / 蕭耀華）

到底一根小小的釘書針值多少錢呢？需要這樣費力氣去拆嗎？或是印刷過，跟沒有印刷的白紙，也差不了幾張，為什麼那麼斤斤計較呢？可知積少成多，大家用心用愛，就是在點點滴滴中重新聚合資源，雖然是那麼小的釘子，整個拆下來也有一點重量；白紙一張張拆下來，加起來也有那樣的厚度。所以看到整本書一直拆一直拆，原來如此，就是要再加工分類。

想一想，因為有這群真正在呵護地球的環保菩薩，他們夏天曬太陽，雨天淋雨，冬天就是寒風刺骨，都沒有休息過，以這樣的愛心，推動全民的環保意識，再加上政府宣導，人人來配合，所以現在家家戶戶都能實施垃圾分類與資源回收。

20. 清淨在源頭

慈濟推動環保，稱環保站為「環保道場」，有人可能會想：佛教與環保有何關係？佛陀是宇宙大覺者，也是生理學家，向我們分析「觀身不淨」——每個人的身體都不乾淨，即使每天沐浴、盥洗，仍會髒污；呼吸、流汗、排泄，都是污染，更大的污染就是「欲心」。浪費就是一種貪欲的習性，以前人惜福愛物，如果看到有人浪費物品，都會勸說：「浪費會遭因果。」

我們要有因果觀，倘若過度花費，就如在銀行未存錢，就想借款，將來如何還債？又如現代流行使用信用卡，刷卡購物很容易；其實只是先向銀行借貸消費，之後還是必須還款，萬一沒錢可還時該怎麼辦？留下的還是自己的煩惱、壓力。購買得多，汰舊換新得快，製造垃圾也就多了。

其實垃圾也有一體兩面——隨手丟棄，成為垃圾；隨手回收，即是資源。只是一個動作，方向偏差就是浪費物資、暴殄天物，破壞環境衛生；

換一個動作能疼惜物命，惜福愛物，切勿浪費消福。

看到慈濟環保站，環保志工們做到很專精，有一次看到連藥袋袋口上的夾鍊，有條小小的紅邊，他們也要一一仔細地撕開。志工告訴我，撕開分類比不撕的回收價格一公斤多好幾元。我問他們：「你們要撕多少，才能換得那幾元？」

他們說：「我們並非為錢做的，是為了提升品質。」

環保志工的精神令人敬佩，這無疑是在練耐心也是練定力，不嫌麻煩地一個一個撕下、剪開，不同種類各自分類集中。塑膠袋集中好仍蓬鬆，他們利用機器擠壓包裝好；薄薄的塑膠，每天累積也有可觀的數量。大家積少成多，用愛惜福，分毫都捨不得浪費。

其餘紙類、金屬類、玻璃類及瓶瓶罐罐等，都是如此「清淨在源頭」，提升回收的品質，還曾發生過一段插曲——一位志工在分類塑膠罐時，打開一個藥罐清理內部，拿出封口的棉花，赫然發現一包金飾。

志工第一個念頭是要找到失主，但是尋主過程並不容易，先追到大致

環保回收廢棄的物品，重新再製、翻新，即是賦予物品新生命（圖為回收腳踏車零件換裝修復）。
（攝影／張秋燕）

的回收地點，靠著藥罐裡診所名稱的線索訪查；好不容易找到診所，原先不肯提供資料，見是慈濟人為歸還金飾，才透露名字而輾轉找到失主。

原來，失主已過世，家人不知她有這些金飾，感動於慈濟人的鍥而不捨精神，決定將這包金飾捐為善款。志工們因為秉持「清淨在源頭」的精神，意外成就了一家人的善行。

大家希望生生世世富有，社會祥和，這需要有「公德心」；成就社會公德心來自每個人的私德——大家若能有愛心，自我淨化、付出善行，這就是德行；人人若有德，合為公眾之德就是「公德」。

萬物都有生命，使用一件物品愈久，即是延長其物命。物命終止，回歸源頭；環保回收廢棄的物品，重新再製、翻新，即是賦予物品新生命。

每一項物品的原料都很寶貴，製作成品之後，若不能好好利用，真的很可惜。我們不只是不浪費，還要節省；不只節省，還要惜福，並且回收資源再利用，做一個造福的人。

做環保不困難，只要大家伸出雙手付出，就能帶動出百手、千手、萬萬手，一起為保護大地、淨化空氣做環保；用心做環保的人，都是福慧兼具的富貴人——「富有愛心，貴有智慧」，是最有價值的人生。

21. 回收塑膠換學費

我看到新聞畫面，隨著登山人數愈來愈多，世界第一高峰喜馬拉雅山聖母峰沿途累積了大量垃圾。為了解決垃圾問題，尼泊爾政府派出十四位登山者，花了六星期的時間，在將近八千公尺的營地上，清出十一噸的垃圾。

我們要匯聚愛的能量，邀約更多有心人一起投入環境保護的工作，維護地球永續。彼此之間互相勉勵，讓有心的人投入；唯有愈多人投入，被看見的頻率愈多，才能發揮更大的影響力。

全球人口愈來愈多，為了滿足眾多人類的生活乃至欲望享受，大量抽取地球資源，製造更多的便利性工具與消費行為，因而破壞了地球環境，釀成許許多多的災難與禍端。

為了符合人類需要，快速用、馬上丟的商品愈來愈多，累積的垃圾也愈來愈多。我們還是要呼籲，人人要有環保意識，現在連國際間、聯合國都已經看到，也知道問題大了。

但是，人的欲念控制不了這種護地球的心，我們不斷的一邊宣導，但是也同時看到另一邊還在為利益製造破壞，為了人類自己的享受、求（利）益，不擇手段大量破壞，看了很令人擔心。

為了提高人人的環保意識，印度東北部，阿薩姆省首府的阿克夏論壇學校，要求一百多名學生每兩週蒐集二十項塑膠垃圾，就能免費上學；學生家長也要承諾不再燃燒塑膠。校方希望透過這項塑膠換學費的政策，讓環保意識在當地社區深根。

儘管有這麼好的機會，等於是以工代賑，只要去回收就可以免交學費，但是效果不彰，因為他們還不知道自己住的地方，垃圾問題已經這麼嚴重。現在年輕人，會丟的人多，要撿的人少，希望他們父母也來一起投入，但是，沒有那麼簡單。

做環保，一開始就是要解決垃圾問題，要大家用心對待我們的地球媽媽。更進一步，我們要如何撫慰受傷？那就要用宇宙大覺者的法，就是

「佛法」。

還有，菩薩們說覺悟要及時，所以我們也要提早覺悟，不能疏忽，也不能再等待，要不然來不及。愛的能量要循環不已，需要你、我、他的力量，還有多用心。

第四章

素食護大地

齋是素食，戒是規矩；
珍惜自我生命，更要尊重萬物生靈。

——證嚴法師

22. 非素不可

新冠肺炎疫情蔓延，病毒傳播與環境、飲食衛生有關，為免病毒不斷擴散，「茹素」是此次防疫的重要方法。

要茹素，還要推動素，從老人、年輕人、孩子、小小孩，他們都很認真。不只小朋友積極推動茹素，許多慈濟志工紛紛發願推素，有馬來西亞志工要勸一千人茹素，大陸福建企業家發願要帶動五萬人茹素……藉由茹素提醒人人要疼惜動物、愛護山河大地，以維持地球永續發展，保有人們的生活空間。

我們希望，可以將志願、觀念、思想調整一致，雖然很困難，但有心就不難，這也是慈濟半個世紀以來，全球慈濟人行願人間，一直持續在做的事。

所以在這波全球新冠疫情衝擊下，我還是要不斷呼籲，人人都能「共同」做一個動作——「素」，就是愛護生靈。我認為，「非素不可」還有三個重點：「非說不可」、「非做不可」、「非善不可」。

第一、「非說不可」：人人茹素、人人勸素。

聯合國糧農組織二〇一八年統計，每一秒鐘有二四四三隻動物被宰殺，如果這些數字只放在簡報上就只是文字，如何把文字用在生活中？花蓮慈濟小學畢業班的孩子，就積極在推素，他們發揮智慧，一人拉一人，茹素救地球，用真誠心意勸素。雖然他們發願的力量非常小，只要凝聚起來，就如同拼圖一片一片拼湊而成，力量會越來越大。

第二、「非做不可」：啟動真誠的大愛心。

佛經說，當災情形成了就無法阻擋，一直要到人人大反省，災情瘟疫才會慢慢消除掉。就像真誠的大愛心如果沒有啟動，不知道人類何時才要覺悟。所以，這樣的呼籲，大家真的有聽進去？有沒有入心？能不能行動？吃素對自己絕對有幫助，不只今生，自己心安，心沒有負債。你吃人四兩，還人八斤，我們知道了這個道理，只要不吃，心沒有負債，就能輕安自在，身體健康。

第三、「非善不可」：要有虔誠懺悔、茹素、感恩的念頭。

我們要懺悔過去，吃就已經欠債了，到底我們過去吃了多少，要還多少生命債？那些幽靈蠢蠢欲動，所以現在要趕快懺悔。我們還要感恩，期待風調雨順，五穀雜糧豐富供應我們，過去的累積要感恩，未來的祈求要虔誠；所以虔誠感恩、懺悔，這是我們現在每一秒鐘都要有的心念。

讓我們共同一心念，呼籲「非素不可」，人人「非說不可」、「非做不可」、「非善不可」，只要用在日常生活中，自然天理就會順暢。

23. 新冠疫情的反思

因這一波的新冠肺炎疫情禁令，讓整條恆河水質清澈可見，生態也逐漸恢復，然而這樣的情景又能持續多久呢？

人類遠離，動物就開始回來；人類重返，動物是否又必須躲避他處呢？印度海岸也出現近三十萬隻欖蠵龜在白天上岸產卵的現象，我們都希望能持續看到這種動物、植物、人物，三物和平共處的生態。

在這樣的大環境裡，不論是高山、平地、海洋互不相干擾。高山有高山的生態，森林的草木可以安然吸收大自然的水分，慢慢地釋放水分，潤漬大地，保護著大地，讓大地哪怕是出了太陽，地面還是滋潤的，還有花、草、五穀雜糧，也是靠山林平常吸收充足水分，慢慢地釋放，讓大地水脈充分。

然而，這原本和諧的生態，卻因為人類砍伐水資源源頭的山林，破壞山林涵養水分功能，導致每逢大雨就直接沖刷，山崩水流，破壞家園。

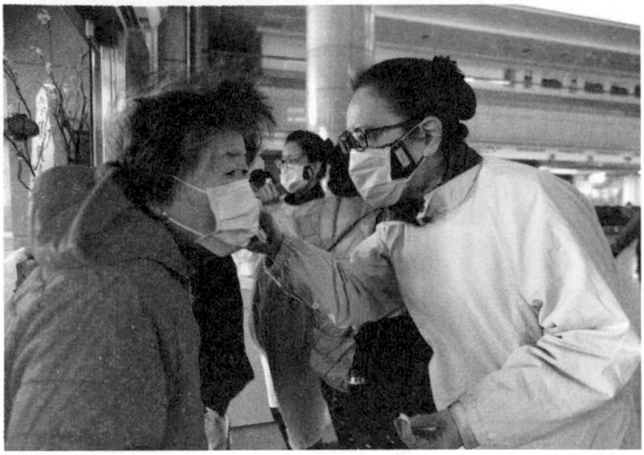

這一波疫情帶給人類很大的警惕，驚世災難要臨頭了，人類應該要有警世的覺悟。
（攝影／張菊芬）

這就是「人製危機」，人類製造出的危機危及自己，叫「自危」。

這一波疫情帶給人類很大的警惕，驚世災難要臨頭了，人類應該要有警世的覺悟。我們要雙手合十，抬頭向空懺悔，覺悟過去的行為與錯誤，認錯懺悔過去，懺悔現在，開始要修於未來，所以我不斷呼籲：「人人要護生、戒殺、持齋。」

看到外在食物的色，就會禁不住誘惑，非吃不可、無肉不歡，這就是缺志氣，是凡夫；縱使佛法裡面都說得很清楚，卻仍無法身體力行，所以我們永遠都是凡夫，只能不斷輪轉在六道裡，難以成佛。

除了從宗教信仰的慈悲心出發，茹素也是讓自己避免吃進動物病菌的方法，希望更多人藉由疫情反思，了解素食的好處而力行。

24. 放生、護生，一字之差？

人人非吃不可，因為要活就要營養充足，吃出身體的健康營養。可是常說「病從口入」，雖然病從口入，可是「法要從口出」。

人啊！假如比較少欲，多知福，不要講究得那樣精緻，其實講究很精反而少了營養，只是吃好看沒有營養。就如我們吃飯，糙米比白米更營養。「誰知盤中飧，粒粒皆辛苦。」從以前大家就知道要表達對農人的敬意，提醒點滴食物得來不易，更要懂得珍惜。到了現在，我們同樣要懷著感恩心用食，更要秉持悲憫同理心來戒殺、護生。

以前很多法師講經，都說因果，像是「若要沒有病，就要去放生，多放生，你的身體就會健康。」為了求功德，會有善人信士購買動物來「放生」，卻也引來商販捕捉動物來賣，反倒增加動物的痛苦。

所以，我都會說：「要護生，不要專程放生，而是要發揮愛心。」

記得慈濟醫院啟業時，有一回我走過病房休息室，看到有家屬提著鳥

愛護生命，不只是保護大自然的生態，還包括愛護動物的生命，要發揮愛心「護生」，不是「放生」。（攝影／蕭耀華）

籠倚靠在窗邊站著。我問：「你來探望病人，怎麼帶鳥籠來？」

對方說：「因為某某寺的師父來看我們，說要多放生，我想：『要不然就在這裡（病房休息室）放生，我剛才在佛堂拜佛好了，現在要來放生了。』」

我說：「你不要捉牠，讓鳥兒在大自然的天空飛翔，這就是自由。我們要護生牠，不用放生牠。而且把鳥媽媽捉來，鳥兒子怎麼辦？如果是鳥兒子被捉來，鳥媽媽怎麼辦？將心比心，要有同理心，我們要健康，就要先去愛其他動物，讓牠們平安。」

「放生」與「護生」，一字之差，道理卻是相差千萬里，不要破壞大自然的生態，動物有動物的生活境界，不要去捉牠，讓牠在自然的生態中長成，這才是愛。

25. 動物的靈性

哪種生命沒有靈性呢？之前看到一則報導，有位阿公出門散步時，常帶著一隻鴨子作伴，鴨子總是搖搖擺擺地跑在前面，回頭看看阿公還沒到，牠就在那裡等，若是阿公和人說話，牠會再走回來蹲在阿公腳邊。

記者就問阿公：「這隻鴨子會聽你的話嗎？」他說：「會啊！我如果生病了起不來，牠就會守在床底下，每過一會兒就把頭伸得長長的，扯一下我的衣服；有的時候我覺得無聊，牠會在床底下唱歌給我聽。」

再問阿公：「這隻鴨子是你養的嗎？」他說：「我看牠在溪邊被水淹了，兩個翅膀在那裡一拍一拍地掙扎，我看著可憐把牠撿起來。又看牠很可愛，我就省下一點飯給牠吃，牠就不走了。」這是不是鴨子也有靈性？阿公救牠，牠就跟定了阿公，而且知道阿公是孤老一人，所以生病時，牠也會在一旁照顧阿公。

像這樣可愛的生命，你能殺得了手嗎？真的忍心吃牠的肉嗎？你看，動物就是這麼有靈性，牠也是生命、也有覺知，懂得回報阿公的愛。

有一回我要出門，精舍的狗——大寶，就跑到車子旁邊等候，我走到車邊，牠早一步跳上了車，可能以為能帶牠出門。有人叫牠：「大寶，下來！你不能出去，回去看家！」牠才乖乖下來，實在很可愛。

世上還有其他的動物，如果能好好去欣賞牠們、疼愛牠們，不是很好嗎？除了人以外，我們還能看到很多動物，看看鳥兒，看看狗兒，多可愛啊！我們的世界因此更加豐富和歡喜！

讓空中飛的自在飛，水裡游的悠然游，一切萬物和諧共處，這就是「尊重生命」。

26. 素食立願卡

二〇二〇年新型冠狀肺炎疫情一發不可收拾，我看到慈濟人都動員在勸素送素餐，真的很感動。其中美國加州洛杉磯慈濟志工，在落實防疫工作的同時，不僅積極推素，更製作「素食立願卡」，希望大家茹素可以長長久久。

像是美國總會副執行長葛濟捨、孫慈喜夫妻，他們也「素」了；夫妻倆去很多機構送生活包，更借力使力，推素、送素餐。並拜訪當地公部門推廣素食，更感動了美國蒙羅維亞（Monrovia）市長湯姆．亞當斯（Tom Adams）。

他說從小都一直習慣吃肉，每餐都吃很多，因為接觸慈濟人，才接觸到素餐食。原本無肉不歡的亞當斯，發現素食餐點也可以很多樣而美味，決定開始嘗試一日一素，他說，「回家會請太太每日一餐素，希望能培養習慣天天素。」

新型冠狀病毒疫情蔓延，我們應該要知道如何護生、節育，才有辦法延續大地。圖為志工送素食便當給美國河濱大學醫療系統醫院照護小組，共同響應「萬人萬餐救地球」。
（攝影／駱淑麗）

很多資深慈誠隊員曾經對我說，自己雖然茹素多年，卻無法帶動家人一起茹素；他們自問，如果都無法帶動家人茹素，要如何向社區推動呢？

在國際間發現行善容易，茹素難，總是讓我心裡很感慨。所以還是再努力，面對有緣人，有機會就說，有機會就推動。

這個地球，我們要好好保護。地球環境的好壞，受到人口多寡的牽動，慈濟創立的那一年（一九六六年），全臺灣約僅有八百萬人口，時過五十五年已增長至近二千四百萬人；全球人口也從一九六〇年的三十億人口，增長至二〇一九年五月已破七十七億大關。

人口增長很快速，這就是對地球很大的破壞，所以大地之母遍體鱗傷，這挖一個洞，開一條路，對大地之母的骨也要抽，肉也要挖，皮也要刮，真的是……

人類製造的各種污染，盡是破壞山河大地，長年累月至今，地球已不堪負荷，一股股自然的力量開始陸續對人類展開反撲，各種災難不斷、人禍難除，在在都要由人類來承受。

這波疫情我們要讓大家知道應該如何護生、節育，唯有跟大自然會合共生息，才有辦法延續這個大地。增長我們的慧命同時，大地得以休養，若時間再長一點，讓人類有機會回歸善良的本性。

27. 精進料理

人心原本清淨無染，能包容天地萬物，可惜許多人都將愛的範圍縮小，只愛自己所愛的人。大家應將這分愛從自己擴展到敬父、愛母，友愛兄弟姊妹，讓家庭充滿敬愛；從小家庭遍及到鄰里、社會，乃至天下，愛心無界線，就能懂得尊重生命、愛護生靈。

這分大愛落實在生活層面，要從簡樸、愛物做起，避免放縱、奢侈。有人會說：「我沒有做壞事，只是愛吃魚、愛吃肉。」然而為了供應肉類，就需要多造殺業，多吃就多殺，這是惡性循環，都有共業，切莫以為不是親手殺生就沒有罪業。

現代物資豐饒，人們多是營養過剩，肉食反而造成身體負擔。日本人稱素食為「精進料理」；大地生長五穀雜糧提供人類，茹素不僅讓身體健康，培養慈悲心，讓大地清淨養息，同時能減輕大地負擔，避免出現缺糧危機。

改變很難嗎？其實不難，許多事並非做不到，而是志氣不夠。儘管道理淺顯，能否做到端視每個人是否堅持。

有位四歲的小朋友，在幼兒園聽老師教導要吃素，不僅自己堅持茹素，回家也常告訴家人不要吃肉。有一次與母親出門買菜，母親想買魚，他拉著母親直說：「不要買魚。」母親說：「孩子，你不懂。」還是買了魚回家。

後來母親在煎魚時，邊蓋鍋子邊說：「你走開一點，被油噴到會痛。」

他說：「我被油噴到會痛，魚在鍋子裡被油煎，牠痛不痛？」母親聽了他的話很震撼，從此不再買魚。

還有一次，他們全家上館子吃飯，大人們點了一道乳豬；乳豬一端上桌，他很嚴肅地指著乳豬說：「牠如果是你們的孩子，你們敢不敢吃？」大家趕緊說：「不吃，不吃。」又將乳豬端出去。這種護生命、愛地球的理念，小孩能做到，大人難道做不到？

28. 淨口淨心

一般稱吃素為「吃齋、茹素」，意思就是淨口——吃下的食物需乾淨；不只素食「淨口」，以佛法而言，齋戒是淨化身、口、意。何謂「齋戒」？洗心滌垢謂之「齋」，防非止惡即是「戒」，從心出發，在身行、口舌各方面都要提高警覺。

孩子很純真、可愛，若加上在好的環境受教育，就能保持真誠的心。有一位小穎小朋友，他不只自己發願齋戒素食，回家還影響家人。父母都以為孩子好玩，所以短期讓他素食，沒想到孩子認真對待，父親要他吃肉，他會問：「如果你被那些動物追殺時，你會怎麼樣？」父親說：「喊救命！」

小穎說：「動物也一樣，牠也會喊救命。」

父親說：「但是牠不會講話，我們也聽不到。」

小穎說：「牠只是不會講人話而已，同樣也會喊救命。」這都是一顆顆純真有愛的赤子之心，人人心本清淨，何忍屠殺生命。

有人認為吃肉滋補身體，其實在過去社會，因為生活普遍貧窮，飲食簡單清淡，鮮少有宰殺牲畜的機會，只能在過年、過節時大開殺戒「進補」；尤其是入冬時，以中醫觀點認為應「補一補身」，因此有立冬進補的說法。猶記小時候立冬會吃燉米糕，將糯米和龍眼乾一起燉煮，如此就很補了。冬天是萬物冬眠的時刻，我們也要保護身體，吸收太多油脂反而不好，因此飲食方面最好清淨些。

現在的醫學、科學都強調營養要剛好，不要太油，營養過剩。在佛陀時代就有許多飲食規律，其觀念仍然適用於現代；諸如「過午不食」，是為了讓胃腸減輕負擔，倘若吃得太飽，人會昏沉、懶散，反而比較累。

午餐所吃的，已夠維持身體的力量，吸收的營養也足夠，晚上的飲食就可以簡化，因此佛教稱晚餐為「藥石」，讓有需要的人可以簡單進食療飢，以維持基本體力。

一般人平時生活正常就好，清清淡淡的最衛生也最健康。釋迦牟尼佛不但是宇宙大覺者也是一位心理學家，教導我們心理教育——素食者生性較溫和，不會太激動。看看動物界，老虎吃肉、牛吃草，老虎雖然有力，性情卻很兇惡，也較欠缺耐力；牛則耐勞、耐磨又有耐力，性情溫和。

我們不僅在臺灣推動齋戒，也將理念傳播到海外，如馬來西亞慈濟人多年來推動五月齋戒月，逾十萬人共同齋戒，如此能減少殺害多少生靈！不殺動物，讓萬物能自然和諧地生活，這都是好事。

虔誠齋戒，所創造善的力量很大。一念純真無私，虔誠敬愛天地萬物，就從自己的生活習慣開始，不要放縱自心；善，是一條正道，往前走，就能造就人間淨土。

29. 八分飽最健康

有一段時間，聽到有人說：「米飯因為卡路里太高，吃太多會過胖。」所以很多人就不敢吃飯，其實米是人人生活中所需要，能維持生命，若是吸收過多的澱粉當然會使人發胖；但是為了減肥就不吃，導致營養不良，如此叫做「知其一，不知其二」，造成偏差。

一日三餐，正好一個人的營養所需，吃得適度不宜過多，八分飽就夠了。八分飽是健康之道；若能節省一點，留下二分，供應給不足的人家，不是很均衡嗎？

飲食除了適量之外，也應適度。我常說「世間有一個洞填不滿——鼻下橫」，生命的存活必須攝取養分，其實大自然給予人類五穀雜糧已很足夠，我們若能自然地生活，與大地生命共存，則天地萬物都平安。

多數人貪圖口腹之欲，究竟有多少滋味？其實不過三寸舌根的享受，一吞下肚，什麼味道都一樣。大林就有位幽默的陳老菩薩，他常與人分享：「人很奇怪，師父說這張嘴吃盡天下萬物，真的是天上飛的，除了飛機吃不下；陸地上跑的，除了車輛吃不下；水中游的，除了輪船吞不下之外，什麼都吃。」

飲食簡單，除了能減輕身體負擔之外，心理也會減少欲望。有一位七十八歲老阿嬤歡喜做環保，身體健康精神又好。她的家庭環境優渥，兒女們都很孝順也成家立業。

這位阿嬤很勤儉，連吃飯都很簡單；當記者去她家訪問時，看到桌上食物，她說：「這個粽子是昨天人家給我的。」「有時候若有麵，也可以吃一餐。」「有時候就糙米配番薯，兩盤青菜。」就是這麼簡單的生活。她並不窮困，卻很知足，認為「做人要勤儉」，這是她的人生哲學。

有的人認為，生而為人就是要享樂，以吃多少名貴的食品來顯耀財勢，這都含有奢華的心態；若飲食過量造成肥胖，卻又想盡辦法運動節食、抽脂減肥，真是辛苦。想想，現今全球有多少窮困人家，連一塊麵包都沒得吃，我們應該培養慈悲心來看待天下苦難蒼生。

飲食簡單，除了能減輕身體負擔之外，心理也會減少欲望。
（攝影／游錫璋）

天地對眾生多麼愛護，有五穀雜糧任我們選擇，如東方人吃米，西方人吃麵食，高原地區吃青稞玉米；我們應該以感恩心回饋人間調整心態，過簡樸的生活，粗菜淡飯菜根香，五穀雜糧才是真正的佳餚。大家明白飲食的意義——適時、適量、適度，讓生活均衡、身心愉悅健康，就是人最幸福的事。

30. 食素心素

素食有益身心健康，許多專業的醫護人員也提出青菜、水果對人是自然的健康食物，所以我們不食動物最好；一是尊重生命，其次保護自己，照顧好自己的身體，更重要的是，心要照顧好。

人生因一個「貪」——貪吃、貪物質、貪圖享受，為了吃而殺害生靈，又大量畜養，如此惡性循環不已；素食是長養慈悲心，不忍食眾生肉，讓我們的心也能更溫和，也益於身體健康。所以素食是精進食、健康食，如果多一些人素食，殺生、殺業就減少。

記得數年之前流行狂牛病，引起大家一陣惶恐，當時有位媽媽帶著幼兒園大班的小朋友來看我。

小朋友對我說道：「師公，我都叫班上的同學不要吃牛肉。」

我問他：「你有沒有吃牛肉？」

他說：「不行，不可以吃。」

我說：「為什麼？」

他說：「因為有狂牛病，吃了牠的肉也會被污染。」

我說：「你怎麼知道這麼多？你有沒有吃？」

他說：「師公，您忘了，我是素食的。」

他媽媽從懷他時就素食，從來不吃肉，在狂牛病流行期，他還會叮嚀其他小朋友不要吃牛肉。

孟子說：「見其生，不忍見其死；聞其聲，不忍食其肉。」所以，我們應該多啟發同情心、同理心、愛心。佛陀說：「蠢動含靈皆有佛性」、「眾生平等」，要救濟眾生，不只是救濟人類而是一切眾生。

所謂「眾生」，就是各種不同形態的生命，哪怕是螞蟻、小蟲，不一樣的身形，都有同等的生命；倘若有同理心與愛心，就會疼惜生命，不忍傷害。

我們推動「心素食儀」，首重心要素、戒殺與疼惜一切萬物的生命。心若沒有調理好，什麼眾生肉都要吃，就會引起許多災難。

素食是長養慈悲心，不忍食眾生肉，為的是讓我們的心也能更溫和，也益於身體健康。
（攝影／陳黎真）

除了食素之外，還希望人人「心素」——欲念淡薄、心念簡單。用餐時也要講究「公筷母匙」，這是飲食的基本衛生，也是維護家人的身體健康。

我們一直呼籲齋戒，要先調好自己的心，戒殺就是疼惜生命，萬物都有生命，若能妥善照顧，就是守護健康——山有山的健康、樹有樹的健康、土地有土地的健康。大地健康，人就健康；人民健康，國家就健康，自然「風調雨順，國泰民安」。

第二部

蓬勃

做環保，沒煩惱

第一章 心靈環保

心要清淨，做好內外環保——
愛惜地球資源，照顧人生資源。
——證嚴法師

31. 心室效應

「溫室效應」來自於人的「心室效應」，一念惡是一分濁流，一念善就是一分清流，善的「心室效應」愈強，就能沖淡「溫室效應」，締造平安與祥和。地震、風災固然可怕，心靈災難所匯聚的濁氣，卻比大自然災變的破壞力更甚，更令人憂慮。

從世界地圖上一望，臺灣的面積很小，猶如汪洋中的一條船，又像水盆裡的一片葉子。生活在這塊土地上的我們，就像是同在一艘船上的乘客，要同舟共濟，無論從事各項行業、各自坐在哪一個位置，都要循規蹈矩，守好做人的本分，才能使船行平穩、乘風破浪。反之，如果遇到風浪，你也亂喊我也亂動，這樣的混亂，就會讓整艘船陷入危險之中。

每天打開電視，所見的經常都是打殺與謾罵，此暴戾之氣的毒害，更甚於鴉片煙毒，因為這樣的毒害已深入到人的心理。

我們社會不知道怎麼了，爭端、衝突不斷。其實分析起來，什麼都沒有，往往只因一句話的偏差，就導致滿城風雨。人與人之間為了爭名利、爭地位反目成仇，社會人心如煙霧迷茫，看不清身處何處。臺灣像海中的一艘船，也像河面上的一片葉子隨水漂流。平靜的水面上，只要丟下一粒石頭，水面波動，葉子就會受到搖盪。社會貪欲濃重，相互欺詐鬥爭，就像濁流濁氣匯聚，很令人擔心。

臺灣需要人心靜定；人心靜定才能平息憤怒、嫉妒、恐懼等等心靈災難，唯有做好心靈環保，四周風平浪靜，才能免於陷入險境。因為大自然有「氣流」，人心也有氣流，我相信，人的心靈與大自然的氣候能相互感應——只要人人心中有一股清流、有一分敬畏天地的戒慎，真正對大自然生起尊重敬愛之心，就能感得天地平安、風調雨順。

現任花蓮慈濟醫學中心院長的林欣榮醫師，專長於腦神經外科，我曾請教他：「在人類腦神經系統研究中，是否也存在著類似效應？」林醫師表示，現今電腦科技發達，已經研發出能接收腦波訊號的儀器，人們只要

人人匯聚善的心念：互助、互愛、感恩及尊重，就能沖淡「溫室效應」，締造平安與祥和。
（攝影／陳柏翰）

眨個眼，就能透過視神經傳導、指揮電腦滑鼠，表達心裡的想法。

由此可知，人類身、心、腦的互動效應，的確可以影響外在環境。

人群的聚集會形成「人氣」，心念的匯聚也能凝結成力量。天地的大乾坤受到污染釀成災變，我們人人的心地，也有一個小乾坤，若人心偏差，人們彼此咒罵，這種聲波效應，會為家庭、社會、國家帶來災難；若人人以「和」相待、用最虔誠的一念善心祈禱，讓一股股清流匯聚，就能產生「福氣」，推開災難的氣流。

就如大自然的「溫室效應」引發天災一樣，人與人之間的怒氣也會造成惡業的氣流，引發災厄。如何推開這股惡業的氣流？只要眾人把握住每一個剎那間生起的好念。因為「溫室效應」其實來自於人的「心室效應」，一念惡是一分濁流，一念善就是一分清流，社會上好人凝聚得愈多、人心淨化得愈好，善的「心室效應」愈強——人人匯聚善的心念：互助、互愛、感恩及尊重，就能沖淡「溫室效應」，締造平安與祥和。

所以，要從修養個人的心性做起，推及家庭、社會，人人的心、氣、力和諧，自然就會往善的方向凝聚福力。

眾生共業，若惡業增加趨重，善人減少，力量也變輕，將加速世間受惡力毀壞的循環；眾生是心力效應，期待大家來提倡好的、善的影響，多一分善力，善的力量大，才能風調雨順。

32. 心靈的超級颶風

什麼原因導致「溫室效應」加劇，就是地球這個宇宙裡的大空間，因為空氣污染造成大氣隔絕，地球上的熱度無法發散到高空；另一方面臭氧層破洞，太陽光直射地球，更加深熱度，以致全球平均溫度逐年升高，四季也因此亂了序。

有的地方缺水乾旱，有的地方雨量過剩，甚至在同一個地方，時而久旱不雨，一下雨卻又氾濫成災；於是各地天災接踵而至，甚至有科學家提出研究報告，未來的地球，天災會逐漸變成常態，而且強度更形極端。

例如二〇〇五年重創美國南部各州的卡崔娜颶風，措手不及之下，令颶風行經路線上的土地，付出了慘痛傷亡與財產損失。

究竟超級颶風和溫室效應有什麼連帶關係，我們可以來做個實驗。倒一杯熱水，把手放在杯子上方，一會兒之後我們的手就濕了，這叫做蒸汽遇冷凝結；溫度高的水氣密度低，往上升，遇到溫度較冷的手掌開始降溫凝結，結成水滴沾附在手掌表面，所以我們的手就濕了。

同樣的原理運用在颶風的形成，因為溫室效應造成海洋表面溫度高、蒸汽多，熱空氣上升，冷空氣下降，冷熱氣流對流旺盛，容易形成強大氣團，加上地球自轉的動力，即造就熱氣氣旋，也就是所謂的颶風或颱風。這種颶風造成的傷害，與破壞加劇，溫室效應加劇是一大元凶。然而，天地大氣間有溫室效應，人心則有「心室效應」；颶風的形成在海面上，人的心中則有一片欲海。

有句話說，「愛河千尺浪，苦海萬重波」，指的就是人人心中的欲海，糾纏了貪心、瞋怨、愚癡、我慢、猜疑種種不淨的念頭，以致人與人之間衝突不斷，爭端不休，這就是心靈的巨大氣旋，總是一發不可收拾。

心靈的濁氣就像溫室效應一樣，和我們心裡無邊的欲海互相接觸，結合在一起，就造成了心靈災難。近幾年，臺灣動不動有嚴重的土石流災情，我們自己的內心，同樣有這種山河變調的動亂，一念無明生起，後果就像山崩地裂一樣。

一個人愛發脾氣、常常火氣大，可以算是火大不調；愛河千尺浪，則是心欲之流水大不調。這種水大不調，會影響到地大不調，從心理影響到我們的身體，造成自己的身心疾病，或是和他人的對立衝突。

心靈的濁氣不淨化，惡業就會不斷產生。一個人無明，兩個人無明，無明與無明碰在一起，人與人之間就會對立、相爭。兩個人打架，打起來，第三個人去做和事佬，調解不成也打在一起，哪還能不一片混亂；這是人與人之間，如果是整個社會人心充滿無明，那就更嚴重了，社會一片黑，到時候，連善良的人日子都難過。

現在的社會，因為人類心靈的無明，已經一塌糊塗，就如山河大地遭受破壞，人心也已經崩壞成一片災區，什麼都亂掉了，再也沒有路可走。

未來，我們的社會該如何走下去呢？這是一個很嚴肅很重要，卻不知何時才能受到普遍重視的問題。

33. 清淨本性

常說：「莫因善小而不為，莫以惡小而為之。」如：地上只是一張紙、一支寶特瓶而已，撿拾與否會有多少差別？或以為：只是浪費一點點而已，與大地有什麼關係？於是隨手丟棄一張紙，就會變成垃圾，危害環境；殊不知若人人彎個腰，撿起垃圾，就能讓大地乾淨，資源回收再利用。

生活能自愛，則不會浪費，製造許多垃圾；有愛的人就有感恩心，有感恩心的人一定有尊重心。除了尊重人之外，也要用尊重的心對待一切物資，才會節約、節儉。其實尊重就是疼惜，我們要疼惜這片大地，不只是有形的大地，還包括無形的心地。

在大地播種前，必定要先除草、整地，才有助於種子順利發芽、成長；同理，佛陀教育我們，凡夫心地如一片荒蕪的土地，充滿無明雜草，因此一定要將過去不好的習慣、煩惱去除，智慧的種子才能入心地，這就是心地的環保。

有位游居士長年做環保，後來罹患阿茲海默症，令人不捨，難得的是他心靈中總保有一顆慈濟種子。一次在外迷路，警察詢問身分時，儘管他無法明確回答姓名、住址等資料，卻能毫無猶豫地說：「我是慈濟人。」

有一次師姊帶他參加慈濟活動的會議，以便就近照顧，開會前有人因他人遲到而稍有抱怨，他就說：「不要說是非。」他雖然失憶，忘卻的是人間是非，而留下清淨本性。

人生無常，名利都是過眼雲煙，有什麼好計較？愛的種子要不斷地撒播，讓心地永遠知道菩薩精神，洗滌無明，提升覺悟的境界；這一生的業消除，來生的心地就是遍撒乾淨的種子。

34. 環保開善門

在日常生活中要自己造福，修好品德，吸收清淨法髓，讓慧命增長，才能真正讓生命健康；否則只是製造污染，成為大地的污染源。

有一位余居士在分享時說，他過去的人生都是跟著朋友喝酒、賭博，通常到了天亮才回家，回到家也是醉醺醺的。孩子有樣學樣，他看到女兒愈來愈叛逆，擔心地問：「妳為什麼要這樣？」孩子說：「爸爸還不是這樣！」於是他決定以身作則來影響孩子。

有一次太太帶他回花蓮，參觀慈濟的四大志業，以及精舍的生活，他深受感動，回去之後就投入環保，並把過去的惡習一一改掉。

果然女兒慢慢被父親感動了，也開始投入，現在，一家老中少都投入做環保。

慈濟人關懷四川震災數年，也陪伴、帶動出當地環保志工。由於當地夏季太陽八點多才下山，有的家庭晚餐過後坐在門口乘涼，或是打麻將消遺；慈濟人利用時間宣導環保理念——儘管欠缺工具，仍發揮智慧，在巷口、庭院或路邊，用白布或被單作為布幕，麻將桌拼攏擺上電腦，播放環保相關影片，招呼鄰里聚集，推動資源回收護大地。現今已在當地帶動不少環保志工，將打牌的手變成做環保的手。

每當聽到因為環保這一扇門，許多人一改過去的迷糊人生，懂得惜福惜緣，我就很感恩，因為環保改變了他們的一生。

35. 工地人文

從一九九六年大林慈濟醫院的工程建設開始，慈濟就在工地中推動「三不、三高」原則。「三不」——不抽菸、不喝酒、不吃檳榔。「三高」——高品質、高安全、高環保。

以往在一般建築工地裡，很多勞工朋友下班後都會相邀去喝酒。剛開始喝幾杯，慢慢就難以控制，喝上癮後，要戒掉就難了。所以我相信，只要能給他們一個好的大環境，以愛來呵護，用最誠懇的心輔導，他們的心輪就能轉；心輪轉，法就能深植心中，慢慢改掉這些不好的習慣。

後來每個月我到工地巡視，果然四處都很乾淨，沒有垃圾與塵土飛揚，看到這麼亮麗的工地，實在很歡喜。在建設過程中，也能兼顧清潔，做到環保，這就是文化。再加上彼此之間互動與感恩，還有真誠的付出，慢慢就形成了慈濟的「工地人文」。

最讓人感恩的是工地裡一團和氣。記得當時大林慈濟醫院動工時，我

在工地受到「心素食儀」的薰陶，有的勞工朋友回到家，用完餐，還會幫忙洗碗。
（攝影／陳延盛）

告訴他們：「一般工地都會出現對立的情況；營造、業主、建築師三角對立。因為建築師要監督營造廠，業主怕營建廠偷工減料，相互猜疑就難免產生對立。但是慈濟的人文是合心、和氣、互愛、協力，即使在建築工程中，也不離我們的文化。」

也許有的人會認為「工」與「文」是兩回事，但是一切事在人為，工地也能有工地人文。勞工朋友從進到工地上班開始，就展現出人文品質，雖然建築物還沒有完工，卻已經成為一個菩薩道場。這樣的工地才真正是臺灣的文化，因為臺灣人很純樸、充滿愛心，我們應該要做出臺灣人的模範工地。

工地裡不喝酒、不抽菸、不嚼檳榔，提供營養均衡的素食，不使用保麗龍、紙餐盒等餐具，大家必須自備碗筷，吃完了自己洗碗。

慈濟的工地皆供應素食，香積志工每天都會為勞工朋友們準備營養均衡的午餐。看到勞工朋友吃飯的時侯，靜悄悄，沒有人喧嘩。雖然大家用餐的碗有大有小，但端碗的姿勢都是龍口含珠，很有人文的氣息。

素食是健康食，素食又能不喝酒；我們都知道酒如果喝太多，很傷身體，將酒戒掉，不僅對身體好，對生活上也可以避免酒後亂性，還能省下買酒錢，可說是一舉數得。

而且在工地受到「心素食儀」的薰陶，有的勞工朋友回到家，用完餐，還會幫忙洗碗，太太看到先生這樣的轉變，都非常的感動。

工地能整潔乾淨，工地的環保衛生才會好。這是一種帶動，不是做不到，只要老闆有心要做，我想勞工朋友們也會用心做。在工地，人人能守住自己的本分，能自愛，不喝酒、不抽菸、不嚼檳榔也不賭博，這都是保護自己，也提升了工作品質，回家後一家人更能和樂融融，這都是很令人感動的事情。

36. 少應酬心開闊

人生數十載，是否都在煩惱食衣住行或追求物質的滿足？其實只要事事滿足、人人善解，生活簡單就好。

我們要對生活感到知足，一切但求簡單。有人會覺得如此的生活很單調，何不追求多采多姿；若是每天心思跑得很遠，所收回來的是無限煩惱，這樣的人生反而只是在煩惱中度過，而且還充滿人我是非的複雜，也讓心胸變得很狹窄。

許多人認為，做生意就必須交際應酬，為了賺錢不得不去。曾聽過一個真實的分享——有位父親每天忙碌應酬，兒子很少和父親相處，有天兒子問：「爸爸，您怎麼都不回家吃晚餐？我很少看到您。」

父親嘆一口氣說：「我也很無奈，每天都要應酬。」

兒子就問：「什麼是應酬？」

父親說：「應酬就是我不願意做，又不得不做的事。」

兒子點點頭，也沒說什麼。隔天早上，他背起書包要上學時，對父親說：「爸爸再見，我要去『應酬』了。」

其實做生意未必要應酬，在慈濟裡也有許多大老闆、企業家，他們不去應酬，生意同樣做得很好；難能可貴的是，他們還親身參與濟貧、發放的工作，樂此不疲。其中有位陳董事長在未做慈濟前，是每日應酬纏身的人；他表示，過去一年要喝掉一貨櫃的洋酒，參加慈濟之後不但戒菸、酒又素食，生活品質並未因而降低。

早期他還曾參與柬埔寨的勘災發放工作，到了柬埔寨東奔西跑，氣候又炎熱，當時柬埔寨的生活環境很差，別人告訴他忍一忍不要洗澡，但是他習慣每天沐浴沖涼，實在難以忍受，執意要洗澡。

不料腳上有小傷口，加上居住環境與水源不乾淨，可能在沐浴時受到感染；他帶著腳傷，和別人一起勘察路線，安排發放事宜，非常辛苦，他卻意志堅定。

自從他在事業之餘投入慈善工作後，營業額非但沒減少，反而提高；

員工們感受到董事長對外那麼有愛心，對內也一定會照顧員工，所以都很甘願地投入工作。

人生要懂得精神向上比，物質往下比，有健康的身體不只是賺錢就好，其實可以勤做好事，多為人群付出，收穫一定比金錢還豐富。

我們常說「開心」，意思就是把心放開闊，開闊就快樂。人為什麼會不開心？因為心被束縛住，那就是煩惱。

簡單最美，要表達吉祥與美，只要簡單一筆畫圓就好，圓就是圓滿，「人圓，事圓，理就圓」，若能用簡單疼愛的心面對萬事萬物，人與人之間互相關心愛護，人格就能圓滿；做事能做得圓滿，事情就成功，合於道理就能圓滿而不致偏差。

37. 少煩惱不憂鬱

人人都喜歡樂觀，所謂「樂觀」，就是去除心中貪、瞋、癡的煩惱，凡事看開、想開、放得下，才是真正的樂觀。

現代社會有許多心理疾病，大都是人心欲念所致，譬如有陣子社會新聞頻傳許多人毫無節制地刷卡消費，最後無法償還鉅額卡債，而走上絕路；為了刺激消費，人手一卡很方便，倘若自己不能克制物欲，當然就有不好的後果。

大家若到環保場看一看，單就玻璃瓶回收為例，細心地綑綁成一打，一支可以有兩元，十二支才二十四元，前後需要耗用多少時間，辛苦地回收、整理，看到分毫都得來不易，就會心生警惕，怎麼能再隨意亂花錢。

有位母親的女兒從小多病，而後才知道是弱智，仍不棄不捨地百般疼愛。如今女兒已十八歲，要叫出「爸、媽」，還是很費力；她的生活起居，都依賴母親的照顧與陪伴。雖然母親無怨無悔，但是有時看到別人的孩子身心健康、活潑可愛，難免也會哀嘆。

無意間她收看大愛電視，一位環保志工的分享，讓她非常感動——有人因投入環保工作，原本病痛纏身而能恢復健康，也有患憂鬱症因而打開心胸。於是她和先生商量之後，一邊照顧女兒，一邊投入社區環保志工的行列。一開始她就做得很快樂，因為平常為了照顧孩子，每天精神緊繃、體力透支，而今藉著做環保，打開心門、歡喜自在。

她的家中掛著一幅字，上面寫著：愛是無盡的財富。先生不但很支持也一起投入，夫妻倆都是認真、快樂的志工，用「菩薩心、父母心」面對每一天。身體疾病固然苦，現代人卻有更多心靈之苦；倘若不打開心門、不放下煩惱，如何度日？有些人其實並未遭遇挫折，只是患得患失而感到憂鬱。曾經有位婦人年輕時雖然家境不好，但在她勤儉持家下一家仍和諧、美滿，她卻無端地自我封閉心靈、患得患失，讓家人擔心不已。

她也是看到大愛臺的節目，而想當環保志工，於是跟隨慈濟人出門做環保，第一天到處回收資源，第二天就累得不想出門；然而不敵大家熱忱地邀約，漸漸地變成習慣，每日天未亮出門，直到天黑才回家，忙得沒有時間憂鬱，忘了什麼得失，人也變得很開朗，困擾十餘年的失眠竟不藥而癒，現在能安心睡、快樂吃、歡喜做，真的很開心。

所以生活浪費，或是煩惱滿心的人，應該去環保站看一看，有的環保志工，從身病做到身體健康，有心病做到心寬念純，還能輔導他人，大家用兩隻手勤做環保，一念簡單的心，很滿足、平安，自然就不會憂鬱。

人生會得遇何事，是過去生中就有因緣的種子，如同現代醫學所說的基因，是天生所帶來，我們在過去生中也種下業識種子帶到此生。

「業」就是造作、有習慣性；有句話說「人心不同，各如其面」，應該是「習氣不同，各如其面」，一般人認為人心不同，就如每個人長相不同，同樣一張臉、七個孔，為什麼能分別出張三、李四的不同？

其實不是人心不同，而是習氣不同。就如有人說話很好聽，有的人口頭禪很難聽，實際上內心並沒有惡意，說出的話卻教人聽不下去；什麼人有修養，什麼人沒有修養，修養到讓人看得出來，讓人心感覺得出來，沒有修養的也是一樣，這都是累積的習氣所致。

38. 回歸本性

常有人說：「我心好就好。」只是如何釐定好心的標準？例如見到路旁有人受傷，雖然想上前幫忙，但恐怕會被誣賴是自己撞倒的，萬一好心沒好報，豈不自找麻煩？

諸如此類的心念，究竟是好是壞？真正的心好，應該是經得起洗練，面對任何需要幫助者都能非常自動，沒有一絲一毫的考慮，馬上伸出援手扶助對方。

善必須從內心發出，並且真正落實在具體的行動上；有位慈誠隊員告訴我，他知道太太很辛苦，將家務料理得很好，也把孩子照顧得很好，每當看到其他師兄姊對家人說感恩，心裡很羨慕，自己卻說不出口。直到有一回，他來醫院當志工，有事要打電話回家，一位師兄要他藉機向太太說感恩，他躊躇了很久，還是說不出口。

這位師兄一直在旁邊鼓勵，最後他終於向電話那端說：「師姊！我要向妳說感恩。」

他太太一聽馬上問：「我有沒有聽錯？」

他回答：「沒錯，我是在向妳感恩。」

他太太欣慰地說：「我知道了，你專心做志工就好。」

看，這句話說出來讓家人多麼高興！習氣封閉了心門，明明存在心中要說的話卻說不出口，其實習氣是可以改的，只要勇敢跨出第一步，能突破難關，第一關過了，其餘的關卡都會順利打開。

修行是要將不好的習氣去除，這叫做法；若是用在生活中，叫做德。佛陀教導我們修行不是一生一世，是累生累世，看到人、事、物，常常心存感恩、口說好話、心想好意，自然就會手做好事，養成良好的習慣。如此，願的種子就能深深播種在心田中。

每個人的心都相同，古云：「人之初，性本善」，這個「性」就是本性；佛陀說：「心、佛、眾生，三無差別」，人人本性就如佛心一樣，都是清淨無染，只是受到後天習氣薰染覆蔽，若能擦拭乾淨，就能回歸清淨智慧的本性。

我們要共同培養「回歸本性」，大家彼此勉勵照顧，說好話、存好意、行好事，日日為利益他人而付出，找回自然的天真本性。勤耕內心這塊心田，除掉壞的雜草，撿走壞的種子，去除世間的污染，人人都能做得到，這就是用心。

第二章 簡單生活

用感恩心疼惜大地萬物，
生活簡單就無缺。

——證嚴法師

39.隨身三寶

慈濟的「隨身三寶」就是碗、筷、杯。

有句話說「病從口入」，很多細菌會經由碗、筷、杯而傳染。就以竹筷來說，雖然名為「衛生筷」，但其製造過程並不真的衛生。以臺灣來說，如果每天每人平均使用兩雙筷子，衛生筷的使用量就高達數千萬雙，這些用過就丟的筷子囤積起來的數量不是很驚人嗎？更何況還要砍伐很多竹子！

保麗龍餐具也一樣，不僅在製作過程就已經污染大地，而且製作好後，就直接疊放，要用時也沒有先洗過，很多人以為免洗餐具看起來乾乾淨淨，其實是很不衛生的物品。

而且免洗餐具用完就丟，也造成垃圾問題。大家都不希望與垃圾做鄰居，卻又不斷製造垃圾。如果能把這樣的觀念推廣出去，鼓勵大家隨身攜帶環保餐具，不但環保，也是一種保護自己的方式。我們愛這一片大地，

自己攜帶碗筷出門，用完後再帶回家洗，不但保障飲食安全，同時也節省資源。圖為可折疊收納的「淨斯唐風新食器」。
（攝影／陳玉萍）

同時也要愛自己的身體，請大家勤勞一點，注重自己的衛生才是真正的保健。

若須在外飲食，要記得自己攜帶碗筷出門，用完後再帶回家洗，不但保障飲食安全，也可減少紙盒、保麗龍、竹筷等垃圾。

我們一直在宣導環保，做資源回收、減少污染才能延長地球的生命。可是，現在有很多家庭經常不開伙，買便當回家吃。吃完了飯，同時也產生紙盒、塑膠盒、保麗龍、竹筷子這些垃圾，可說是浪費資源又污染環境。

如果不用這些免洗餐具，自己攜帶碗筷出門，用完後再帶回家洗，不但保障飲食安全，同時也節省資源。所以我們應該大力推動人人盡量在家裡用餐，若須在外飲食，也要記得攜帶環保碗筷和環保杯。若能如此，不僅是淨化街道、保護地球，更重要的是淨化了自己的心。

大家應該都要疼惜這塊大地，這也是在疼惜自己。

40.環保七化

慈濟人長久以來推動「環保五化」即是——環保年輕化、環保生活化、環保知識化、環保家庭化、環保心靈化。（編按：近年另提出「環保精緻化」、「環保健康化」結合為「環保七化」。）

「環保年輕化」，年輕人有體力，將來住在地球上的時間比老人家長久，疼惜地球更有責任。慈濟人希望先由校園做起，最後能帶動所有的年輕人。

「環保生活化」慈濟人有生活三寶，當時擔任大林慈濟醫院副院長的簡守信醫師曾分享，如果所有醫護人員、志工及病患，一天有一、二千人在醫院用餐，假如都使用免洗筷，一日三餐就用掉七、八千雙筷子！所以大林慈院從啟業起，就宣導不用免洗筷，改為自備環保筷，病人住院時也會送他一雙筷子。

「環保知識化」就是要將環保的意義與道理分析給大家聽。有人研究

環保也要帶入家庭、社區，因為做環保不只是自己的事情，也要帶給家人、鄰里都有共同的環保意識。
（攝影／李俊賢）

過，回收五十公斤的紙張，就能拯救一棵二十年生的大樹；回收一個鋁罐所節省的電力，可以看三小時的電視。數字會說話，也能引起大家的重視。

慈濟各地環保站，已成為各級學校環保教育最好的課外教學站，從小學到幼教，老師都會帶小朋友來了解，知福惜福，也懂得如何做資源分類。

「環保家庭化」就是要把觀念帶入社區，家家戶戶去宣導，因為做環保不只是自己的事情，也要帶給家人、鄰里都有共同的環保意識。

「環保心靈化」讓人人口說環保——說好話，心也環保——發好願，身一樣環保——做好事。

古人云：「勿因善小而不為，勿因惡小而為之。」動手做環保，就是保護地球，不要嫌自己的力量小，只要用心、積極，把握分秒不空過，時間累積，就能影響深遠。

41. 吃出衛生

用餐時邊吃邊說話，飛沫傳染的可能性相對提高。有句禪話說「吃飯喝茶無不是禪」，吃飯也要專心、用心，不要散心雜話。

中國人吃飯，「端碗龍含珠，舉箸鳳飲水」，這就是一種文化。我們擁有這樣優美的文化，更要具備衛生觀念，在餐桌上使用公筷母匙。親友同桌吃飯，一樣要「吃出衛生」，常常說病從口入，不要拿個人用過的筷子又去挾菜，才能預防疾病傳染。

至於餐桌禮儀，曾經有人告訴我：「湯煮好了，湯鍋直接端上桌就行了，為什麼還要裝到大湯碗？這樣又要多洗一個碗。」這種觀念也許在生活上很便利，但是很不雅觀，家居生活不要怕麻煩，培養具有美感的飲食文化，也能增加生活的品味。

也有人說：「吃飯時間才有機會說話。」這實在不對。所以，自身的衛生，家庭的衛生，餐桌上的衛生等等，都要很用心。

小朋友在大愛媽媽的陪伴下，準備素食便當義賣，希望可以接引更多人一起「蔬醒」。
（攝影／尤靜蓓）

現在大家愈來愈知道衛生常識，也愈來愈了解細菌如何傳染，所以飯前要洗手。另外，感冒咳嗽的人，盡量避免進出公共場所；在人群中，記得戴起口罩，要培養這樣的好習慣。這個動作，除了保護自己不受人群中的病毒二度感染，當然也是愛護別人，避免把病毒或細菌帶給別人，這就是自愛愛人。

人際之間的問候，也要保持適度的距離。一些歐美國家習慣擁抱式的問候，日本人見面則是相互九十度鞠躬。我想，我們也可以培養合掌或鞠躬的問候方式，既保持距離又不失禮節，也能減少近距離的接觸，同樣可以防疫。

42. 節能減碳

地有地氣，天有天氣，人有脾氣，這三氣不調就會肇生天災、人禍，人類與萬物都無法平安生活。人的一生不斷地製造垃圾、污染——僅僅呼吸就已造成污染，加上衣、食、住、行各方面，無不消耗能源、製造二氧化碳，多一個人就多一分碳足跡。

夏季炎熱，家家戶戶開冷氣，卻將熱氣排放屋外，加速溫室效應，以及都市裡的熱效應，讓人更難敵高溫之苦，形成惡性循環。其實稍作改變也有不錯的消暑方式，如有的人平常在家盡量不開冷氣，若是熱得難受，就選擇到圖書館等公共場所看書，既能避暑也不必多開冷氣耗能。

選擇環保生活未必不便或難受，諸如以通風的方式乘涼，健康又節能。在桃園有個環保站，志工不必開冷氣，也不用吹電扇，一群人在大樹蔭下做環保，享受微風徐徐，做得心靜自然涼。

為了探討如何節能減碳，聯合國召開氣候變遷會議；另外也有學者聚集研究：為何氣候如此異常、地球屢次受毀傷？最後還是難以達成共識。

極端的氣候現象會損害大地，災難也會愈來愈密集、加劇。想想，天氣變化無常，農作物難以耕耘，人們將如何面對糧食危機？預防天災的唯一方法是調和人心，克服心靈的災難。

心靈的災難比天地災難更加可怕，因為一切都是先有人為造作惡業——生活消費無度，貪欲太多，從人的生活習氣會影響到天氣。人心能創造一切，只要稍有偏差，也許禍延千里，或者心念一動，牽動四大不調；然而只要迷途知返，轉變方向，動一念善心、伸出雙手付出，就能造福人群。

改變要從人人開始，聯合國政府間氣候變遷小組（IPCC）主席表示，減緩溫室效應有三項方法：不吃肉、騎單車、少消費。不要小看個己的力量，只要每一個人的觀念正確，氣候變化才能緩和，地球才有救；只要人人有心，當下開始調整生活形態，一定來得及。

大林慈濟醫院提倡節能減碳，鼓勵院內同仁響應環保多走樓梯。其實生活中還有諸多有助於環保的方式，盡量搭乘公共汽車，或響應共乘，只要減少一輛車就多一分清淨大地的力量。

大乾坤的災難，是由小乾坤的人類所造成；凡夫的生活充滿煩惱、欲念，所以要先淨化人心，以祥和化解暴戾，以樸實勤儉的生活減碳。

慈濟環保志工秉持惜福的精神，做環保就是愛惜物命，也是為了節能減碳；同時透過環保能體悟許多道理，洗滌自己的內心。一切都需從一念愛心開始。

43. 不追求名牌、流行

從新聞報導中，常看到有人搶購名牌衣物，或是年輕人為了趕流行，拚命打工籌錢購買衣物。有的不顧尊嚴投身色情場所，被警察逮捕後，問他年紀輕輕，為何要這樣做？他說：「我又沒偷沒搶，誰管得了？」為了追求名牌、享受，不惜迷失、毀傷自己。

我很期待，孩子不要計較名牌，有得穿，穿得乾淨整齊，穿出人品典範，就是最好的名牌。記得小時候，雖然沒有名牌，但學生就要穿制服，而且必須很乾淨整齊；即使回家穿居家服，也要乾淨整齊；假如有一點破洞，就趕緊縫補，若是破洞沒有補，就會感到很羞愧。

現在有些年輕人卻故意將褲子剪出一個個洞，還要露出鬚鬚。有次委員與慈誠把孩子帶來，期待我能為這個孩子講幾句話，我看到他的衣著，嚇了一跳，問他：「你褲子怎麼破了洞？是不是發生意外？有沒有受傷？」

他父母在一旁回答：「這是孩子追求流行。」另一位委員在旁邊就說：「這叫做乞丐裝。」好端端的一個人，為什麼要扮演乞丐？我就告訴他：「孩子，不要有這樣的心態。平常要時時為自己祝福，不要形象上像乞丐。」

也有人為了追逐潮流，將頭髮染成五顏六色；醫學研究顯示，染髮易致癌，並有不少實例證明此說。英國曾有一則新聞，一名女子休克而死，追根究柢原來是染髮所致。為什麼要染髮？染就是污染，那麼純真、乾淨，為什麼要污染？真想不通。

醫師也提到有關皮膚的保養，應該保持乾淨，毋需為了愛美去磨臉皮；因為臉部皮膚原本就很薄，磨得過度會受傷。此外，一罐化妝品數萬元也有許多人趨之若鶩；其實化妝品都含有化學成分，對皮膚的傷害就難以避免。

我認為，人只要經常微笑，從內心真誠地表達真、善、美，不需要花錢妝扮就很美了；真正的美，是從智慧而來；當然需要有自信、智慧。

高雄曾有位慈濟人沿街到商店、餐廳宣導環保，她挨家挨戶地拜訪時，商家不但不響應，還以為是詐騙集團的新手法，令她沮喪不已。後來回家換穿上慈濟委員的制服，佩戴識別證再去宣導，大家看到是慈濟人，則紛紛支持響應。

這是慈濟人長年累月的身體力行，人人付出無所求，讓社會肯定信任，這件慈濟的服裝才能展現一股力量，感恩慈濟人親身走過、付出所成就的「名牌」——大家都認識的標誌。所以只要認真付出，一定能受到別人的肯定，這分肯定比價錢昂貴的名牌，更難能可貴。

44.知足才是真富有

曾見一則新聞報導——一位女孩在外就讀大學，愛美又愛玩，擔心外出時會曬黑，就打電話回家向母親要一瓶防曬油。只是家境貧寒，只有父親在工作，連母親自己穿的夾克，還是女兒中學的校服。但是母親過於溺愛女兒，不願拂逆孩子的要求，就到便利商店偷取防曬油，被警察逮捕。

雖然警察深表同情，但是母親偷竊行為已觸法。這個女兒是否能理解父母的辛苦？可曾想過防曬油只是生活所需之外的奢侈品？為了滿足虛榮心，母親要付出這樣的代價，令人惋嘆！

現代社會人心多欲不知足，只想輕鬆度日、獲取更多利益，而迷失在金錢遊戲裡。有人為了投機取巧，放棄原有的事業與才華，社會經濟買空、賣空，如泡沫般不實在，一旦虛幻破滅，結果變賣家園或失業等，吃苦的不是別人，都是自己；不只是家庭經濟發生困境，連整個社會、國家都會面臨危機。

一般人對於有形財富永遠都不滿足，有十還想再有百、有千、有萬，到了有億、有兆仍無法知足，「有一缺九」的人生欲念，猶如大海闊無邊際。

什麼樣的生活最富有自在？知足的人。

我們應該要覺醒，財富不如心富——即使富有家財萬貫，心靈卻還常感欠缺、不滿足，這叫做「富中之貧」；多少大企業家因為金融風暴、股價起落而患得患失，煩惱痛苦。懂得賺錢，不是真有錢；懂得如何捨，花錢花得有智慧，才是真富有。

少欲之中，蘊藏大富。因為寡欲知足，生活盡量簡單，應自己吃多少量就吃多少，既不浪費也對身體健康；要用的東西也是適量，不必再多囤積。三餐飽食、衣物保暖、房子能遮風蔽雨，基本所需不缺，不就是最富足的人生？人人身心健康，安居樂業，家家平安，社會不就洋溢幸福？我們應該把物質的享受，化成清淡的生活，過健康人生。

45.解渴，喝水就好

我們成立慈濟功德會時，臺灣普遍的生活不佳，大家難有餘錢，如何勸人捐錢做善事？於是我告訴大家「一日五毛錢」，一個家庭少吃一點點，就可以省五毛錢救人。現今有的人會說：「做善事是有錢人的事，自己的生活都不好過了，如何救人？」當年大家生活也不好過，但是慈濟人一步一步地發揮良能救人，現在社會富裕，更可以幫助他人、利益人群。

做與不做，只在一念間，有了正確的觀念就會有歡喜心。其實每個人都富有力量，只要有一分愛心，每天省點零用錢，譬如少喝一罐飲料，一個月少吃一頓大餐等等，可以累積力量，這就是「粒米成籮」的道理，不要輕視自己，人人都能成為助人的人。

有位十二歲的五年級學生，父母親都在上班，雖然收入普通，卻積極栽培孩子有更好的發展，課餘讓孩子上才藝班。這位小朋友很自愛，喜愛彈鋼琴，也能兼顧好學業，他的夢想就是要擁有一架鋼琴，只是父母親實在難以負擔，所以他就自己努力存下零用錢、壓歲錢，好不容易存下兩萬元，雖然距離一架鋼琴的價格還差很遠，但是他還是沒有放棄，想要達成自己夢想。

後來他得知阿里山有群喜愛音樂的原住民孩子想成立樂隊，卻無力購置樂器，正在向外募集。他心想，離自己的心願還那麼遙遠，為什麼不讓更多人達成心願？於是他把自己全部存款捐給民間一個基金會，透過基金會找到樂器廠商贊助，完成這位小朋友的助人善行，也讓原住民孩子夢想成真，皆大歡喜。

在九二一大地震後，許多小朋友由父母陪著拿撲滿來捐款，表示要幫忙蓋學校。印象深刻的是，一位小朋友和父母各拿了一個瓷造大撲滿，肥肥的豬公好重。我問那位小朋友：「你怎麼有這麼多錢？」

他告訴我：「這是爸爸、媽媽給我的，媽媽說要建設希望工程，有硬幣就要投進撲滿裡，要省錢一起蓋學校。」

真是一位乖巧的孩子。聽他母親分享：有一天放學回家時，他在路上口很渴，忍不住要買飲料喝，一拿出硬幣就想起應該要存撲滿，因此不敢花，趕緊跑回家。一回到家，就喊：「媽媽，我好渴、好渴，要喝水。」看見他汗流浹背，媽媽問：「那麼渴，為什麼不在路上先買飲料解渴？」

他喝了一杯水說：「回家喝水也一樣解渴，要把硬幣省下來存撲滿。」

小朋友有純真的心念，大人導以正確的方向，就會呈現出有價值的人生；大人也可以改變一下心態，開創另類財富——親自去做環保，彎下腰撿起一些紙張，整理整齊，會感到很有成就；這分最大的成就感，就是破我執，我執破除之後，那種海闊天空的心境，就是真正的富有人生。

46.屋寬不如心寬

貧與富，不在於金錢的多寡、地位的高低或權力的大小，而是取決於心靈是否滿足。新店有位高齡九十餘歲的老榮民，是位少欲知足又樂觀的老爺爺；雖然獨居，但是與鄰居互動良好，大家都很喜歡他。

由於他的生活清苦，屋子破舊又漏水，以致屋內潮濕，所蓋的毯子都發霉了；平常用水缸接雨水喝，撿拾鄰舍的柴草炊飯，經常三餐不繼。

慈濟志工們前往探訪老爺爺時，看到這種情形，很不忍心，就想幫他修房子；然而房屋破爛到難以修理，就想幫他重建房屋，老爺爺很感激慈濟人的愛心，卻礙於土地是鄰居的。鄰居得知慈濟人要幫助老爺爺，馬上說：「沒關係，我們的土地可以暫時借給他蓋房子住。」

當慈濟人蓋好一間小而堅實的房屋時，老爺爺直說謝謝，他很高興也好滿足；表示從來沒想過會有這麼好的房屋住，而且有騎樓，可以和鄰居在此聚會聊天。

人生，心靈富有最重要，心若囿於物質欲望，即使擁有再多也會感到不足，這就是貧窮；反之，物質生活清貧，並不影響心靈的充實，俗話說「知足常樂」，自己快樂、歡喜，就會讓別人也快樂；自己無求滿足，就會得到很多人的愛。

許多人擁有財富，卻寧願自己儉用，放棄享受而時時關心他人，這就是造福的人生，也是最有福的人生；儘管每個人不見得都能住毫宅，卻可以有美麗寬廣的心宅。

九二一大地震後，有對年輕夫妻讓我很感動，他們穿著普通，當時帶著他們的孩子來看我。這對夫妻環境小康，一家人住在租來的閣樓，小小一間很簡單；他們一直有個心願，努力工作存夠了錢，要買房子及車子。好不容易，努力地存下一筆錢，正計畫去看房子，剛好發生九二一地震，他們毅然將這筆積蓄捐出，慈濟人看到他們的家庭環境，住屋條件也不是很好，不敢收下這筆善款，還勸他們不要一次全捐，要顧及自己的生活。

他們說：「我們很幸運，住在閣樓也沒有被嚇到，現在還有能力租房子，一家過得很安心。」

這就是「屋寬不如心寬」，如何做到「心寬」？每個人若能善解，人與人之間的相處，才會幸福。時時刻刻有寬大的心，寬宏大量地包容他人，而且能知足；大家彼此感恩，就沒有「難」。

以前人心單純，隨著社會的經濟發達，欲念不斷地擴大，感恩心愈來愈淡薄，人性的單純善念漸漸消退，這是令人擔心的。如何讓善良的心啟發出來？只要人人發自於內心的愛，自動自發撒播愛的種子，能付出無所求，而且知恩、報恩，社會才有希望。

第三章

草根菩提

你丟我撿——

丟者消福；撿者拾福。

——證嚴法師

47. 最可愛的環保志工

慈濟的環保志工，行入人間環保這條康莊大道，也就是「菩提大道直」，他們所表現出的智慧，我們稱為「草根菩提」。為何稱「草根」？就是縮小自己，但求保護大地。大地需要各種植物，除了綠葉能行光合作用、吐新納垢之外，在地下的根能保護水土；無論大的樹根、小的草根，都能發揮良能。環保志工很謙卑，放下身段，為了這條菩提道而覺悟——人人生存在大地，卻也是人類破壞大地；唯有行入人間的菩薩，能保護大地。

在大愛臺的節目中，我喜歡觀看記錄環保志工故事的「草根菩提」；因為在「草根菩提」裡，能看到純真的人間菩薩落實環保理念，為了讓地球的生命更長、更健康，不僅需要不斷地宣導，重要的是身體力行。自己若沒有投入行動，想帶動他人會很困難；反之，儘管沒有多說，只要身行盡力去做，他人自然會被感動，身教就能發揮很大的影響力。

環保志工心寬念純，單純一念「做，就對了」，做到令人尊敬進而效法，所以他做、你做、我也做，人人都能響應做環保。從高樓到每個社區角落，都需要每個人力行環保，因此大家應自我期許成為環保種子、地球的貴人，共同啟發人心那分真誠的愛——無論是在平地、高山、海上工作，都能就地廣為宣導。

環保工作人人都能做，不分男女老幼，也不分各種職業——不少博士、教授，或是企業家、董事長帶著員工投入，大家利用時間付出，樹立各個崗位的典範。志工們都是用心呵護大地，撿拾他人丟棄的資源回收分類，延續物命，同時也是增長自己永恆的慧命。

48. 最美的手與感人的腳

記得有一次到高雄歲末祝福，因為時間還沒到，我先坐在會客室等，看到幾位從六龜來的老人家，頭髮都花白了，我問他們：「老菩薩幾歲了？」有的說七十多歲，有的說八十多歲，他們告訴我：「師父，我們在做環保！」

「喔！你們在做環保，不會累嗎？」

這幾位老菩薩就搶著說：「師父，我本來常常腰痠背痛，做環保做到好了呢！」

「我本來是不太能走，結果做環保就好了。」

其中一位老菩薩接著說：「真的，因為我們做環保做到身體變好了，就想邀她一起做，她不肯，說她不能走。我們就告訴她：你不能走沒有關係，跟我們在一起比較有伴，你坐在椅子上看大家做環保就好了。」

等她真的到回收點坐下來時，看到很多環保志工在踩寶特瓶，覺得很

頭髮花白的老菩薩們，或坐或蹲做環保，年輕做到老的一雙手，為家庭奉獻一生，如今為愛護環境、膚慰地球貢獻一己之力。
（攝影／黃筱哲）

好玩，就說：「你們丟一支過來讓我踩踩看。」有人放一支到椅子前面，讓她踩踩看，她踩下去了，大家就誇獎：「好棒喔！再踩一支。」她又踩下去。

「不錯，再來一支……」後來他們放了一堆寶特瓶在她面前，她也很歡喜，一支一支踩，最後乾脆站起來踩，直到大家都把垃圾分類完了，回頭看她，驚訝地說：「啊……你站起來了呢！」她自己也很驚訝：「對喔！我什麼時候站起來的，我都忘記了。」從此開始，她也跟著大家投入環保志工行列。

真的好可愛，看到這些頭髮都白了的老菩薩，年輕時為家庭、為生活發揮功能；現在老了，則是為愛護地球、為惜福發揮良能。人生在生命與慧命的交叉點，觀念能夠轉換過來，是最有價值的人生。

等到歲末祝福開始發福慧紅包時，老菩薩們一個個隨著佛號上臺來。我先把蠟燭給他們，再把福慧紅包放在上面，可是他們拿不住，常常會掉到地上，我乾脆先牽住老菩薩的手後，才把東西放上去。那都是一雙雙長滿硬繭的手。

結束後，我對當時任職於大愛電視臺的姚仁祿居士說：「我今天在發福慧紅包時，心裡很感動。我看到許多很美、很有價值的手，那些都是很寶貴的手。」

「是怎樣的手，讓師父覺得那麼有價值，那麼寶貴？」

「這些老人家的手很僵硬，要把他們的手指頭彎曲起來，才拿得住福慧紅包和蠟燭。讓我想起從前的年代，女孩子多半都沒有讀書，跟著媽媽做家事，小小年紀就要幫忙帶小孩、煮飯、洗衣服，從小一直做到長大。嫁了人，做人家的媳婦，做人家的太太，做兒女的媽媽，甚至有了孫子，做阿嬤了，還是終日忙碌。

那雙手，做了一輩子的事，現在，又來做環保，那雙不曾休息的手，幾十年來，在生活中創造多少奇蹟，真的是萬能的手啊！所以我覺得這些手，是最美的手，也是最寶貴的手。」

姚居士就對我說：「師父，我今天也看到讓我很感動的腳，看到忍不住哭了。」

我問：「為什麼會看到哭？」

「因為我坐在前排，大家都從我的面前走過去，每雙腳都從我的面前經過。師父，我看到那些腳趾頭都變形了，趾頭都是開開的，很粗糙，所以我忍不住哭了。想到這些老人家以前應該都沒有穿鞋，打著赤腳，不知走過多少田地，爬了多少的山路，走到腳都變形了。我也覺得那一雙雙的腳，是很有用、很有價值的腳。」

就是在那一場歲末祝福，姚居士看到這些環保志工的雙腳，引發了最深的感動，因而發大心，立大願。

49. 都市的螢火蟲

常常有人特地到山間去看螢火蟲，其實，在市中心就可以看到一群螢火蟲。

有些住在都市的志工，因為白天要工作無法去做環保，他們就相約下班後在環保回收點集合。一到定點，大家紛紛穿上反光衣，開始進行夜間環保。這不就像都市的一群螢火蟲，在夜間閃閃發亮嗎？

這些草根菩薩，不論是企業家，或是教授、博士、家庭主婦，或是一般的工人；不論是年輕人、老人或小孩，大家都走入環保志工的行列，用無所求的心態去付出；「盡我一分力量，做就對了」。不但做得歡喜，還做得相互感恩；以垃圾堆為修行道場，不厭棄雜亂與腐臭，任勞任怨，若非真正惜福愛物的人，哪裡能做到這樣。

環保志工就是以佛心在疼愛地球，因為不忍心地球受毀傷，有的每天一大早天還未亮，就起床去清掃街道，撿資源做分類；只要看到紙張、飲

以垃圾堆為修行道場，白天無法參與環保工作的都市志工，相約下班後，穿上反光衣做夜間環保。
（攝影／邱百豊）

料罐，一定彎下腰去撿起來。每次一彎腰，都當成是在頂禮諸佛，心裡就默念一句「阿彌陀佛」。

一個動作就是一句佛號，每跨出一步就當成是在朝山，所以環保志工是最精進的人，身心也能常保健康。

在五濁垢重的時刻，芸芸眾生只要每個人發一分好心，不都是人間的螢火蟲！

的確，不要看輕自己的力量，住在都市裡，可以做都市的螢火蟲；住在山上的，也可以照亮那一片大地；靠海的可以淨海，保護大地的資源不流失，這就是草根菩提，也是人間菩薩。

50. 心靈的「好手」

缺了一隻手掌，同樣能把紙箱疊得整整齊齊。她運用心靈的智慧之手，發揮良能，哪怕是肢體有殘缺，卻是心靈完整的「好手」。

有一位在山上種很多龍眼樹的斷掌阿嬤，她雖然白天要照顧果園，但還利用天未亮或夜晚時去做環保。阿嬤做環保的起因，是因為女兒常常跟她提起慈濟在做的事，有一次還跟她說：「師父在呼籲做資源回收。」

「為什麼要資源回收？」

「可以減少垃圾，而且回收資源賣來的錢又可以捐給師父去救人。雖然金額不是很多，不過大家都出一分力量，就很多了。」

阿嬤聽了很認同，就開始去撿回收物，有人問：「妳缺了一隻手掌，也要跟人家做嗎？」

「有什麼關係？反正有做就有錢。」

人家又問：「收這些可以賣多少錢？」

她回答：「多少錢都沒關係，大家一起來出力，否則，難道慈濟會自己生錢嗎？」

這種草根的智慧，我聽了好感動，而且她這種誠懇的付出，也感動了鄰居跟著做環保。有時撿到紙箱，她不但要壓平，還要捆綁好。問她：「妳缺了一隻手掌，捆綁東西會不會很吃力？」

「不要緊，我還有兩隻腳，踩一踩就好。」她同樣能把紙箱疊得整整齊齊。

我從大愛電視臺拍回來的畫面上看到，她做環保做得非常俐落，絲毫不輸雙手健全的人。她運用心靈的智慧之手，發揮良能，不只是做環保，鄰居有很多孤單的老人家，她還會去幫忙照顧。這種愛，哪怕是肢體有殘缺，卻是心靈完整的「好手」。

51. 身病心不病

學佛的目標，是學菩薩；入人群緣苦眾生，那就是菩薩道。這條路走起來並不簡單，就因為眾生苦，人間菩薩更要堪忍住苦。除了急難的苦，菩薩要即時救苦救難，還有眾生煩惱方向偏差時，也要給予精神指引正確方向。很多人都是在慈濟的環保站付出後，忘卻了自身病痛，同時又能利益人群。這就是以人間法來會理，也是真正行在佛法中。

看到環保志工黃許秋英，她因為一場車禍，導致多處骨折無法行走，身體逐漸恢復後，每天換公車，唯一目的地就是要到慈濟環保站。剛開始旁邊的志工看她走路不方便，現在進步很多，還可以撿瓶罐走一大圈。

走路，對一般人原本很簡單的事情，但對一個人有病，總是如此艱難拖磨，連走路都那麼困難，但是只要有心，有這一念心，就可以做到。像她每天做環保，做得很快樂、很歡喜。

所以我說，眾生苦啊，以很簡單的方法，能夠有利益人群，又能應眾

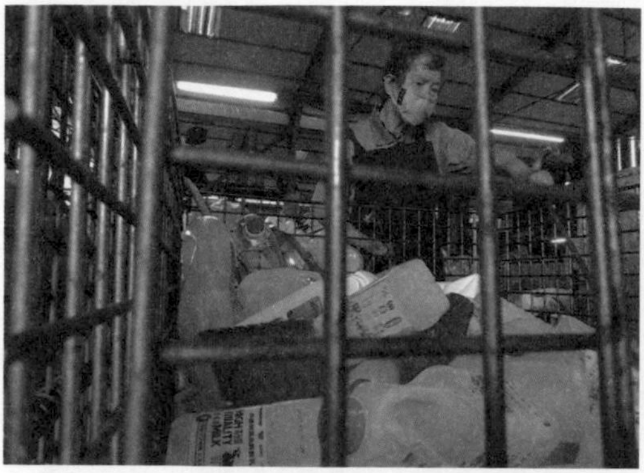

很多人在慈濟的環保站付出心力，而忘卻了自身病痛。圖為志工黃許秋英發揮智慧，用傘柄解決了她單手做環保的不便。
（攝影／陳正德）

生病，不藥而治，她在這個地方，看到如此簡單的事，總是做得很歡喜，找到一個方向，改正了她的心靈方向，要不然只是沉醉在迷茫中的人生。

還有一位小琉球志工王吉中，他因為僵直性脊椎炎纏身而憂鬱，自從做了夜間環保之後，不只克服了病痛，還總是笑臉迎人。他說，這是見苦知福，看到比我們還苦的人，就會覺得自己很幸福，也感恩自己還有能力來付出。

法，本是看不到。但是走入人間，用人間法。菩薩不忍眾生，我們若將方法帶入人間，無論什麼方法都能度人，一句話也能引導人人走到正確方向。

以最虔誠的心來獻供，去付出，這就是菩薩上求佛道；用至誠的心來求，下化眾生，用最真實的愛去為眾生付出，這就是叫做菩薩。

52. 看不見的心淨

所謂修行，就是修心養性，端正行為，讓身心健康。現代社會出現許多身心疾病，諸如憂鬱症即是其中之一。常聽到罹患憂鬱症的人較少出門，長時間獨自封閉，內心不斷地生起憂鬱妄念，自然無法安定；「預防勝於治療」，平常應先培養開闊的心胸，自愛愛人，為人群付出而無所求，這是預防心病的良方。

看看在慈濟環保站中，有不少人原本自我封閉，層層難關過不去；慈濟人知道後，循循善誘。帶著他們從孤僻、心生妄念的境界，帶入有事做、有人陪伴的境界，自然降伏雜念、妄想，能做到渾然忘我——忘記有「我」的煩惱。

有次行腳到高雄的喜捨環保站，有位阿靜師姊，雙眼因後天因素而失明，據悉當初剛失明時，時常猜疑丈夫有外遇，夫妻常有口角；阿靜愈來愈沒有自信，也因此罹患憂鬱症。一天她隨意按電視頻道，轉到大愛臺時，恰好聽到我在說話，她能將道理聽入心，於是投入環保志工的行列。

阿靜師姊用心做環保，不論何種物品，到她手中都能靈巧地摸出材質為何、如何拆解，而且拆得很仔細。當我看到她時，她正隨手拿起一支羽毛球拍，我問：「這有什麼好拆的？」

「有，除了纏繞把手的部分是塑膠類之外，其餘材質還有木頭、鋼絲、小螺絲。」她邊說邊拆。

我拿起端詳，真是木料，裡面還有一根金屬，就說：「奇怪，妳怎麼會知道？」

她說：「摸久就知道。」

「我怎麼沒看到有螺絲？」她摸一摸就找到了。

「這麼小，妳怎麼拆？」

她說：「用摸的，摸到就拿電鑽鑽下去。」

我說：「這麼小一顆，妳用電鑽，不會傷到手嗎？」

「會，開始的時候常常被電鑽鑽到，敲鐵罐時敲到手也很痛，還破皮、流血。」

我說：「妳要小心一點。」

她說：「好，我努力做不是拚業績，是拚心靜。」

阿靜師姊不想讓心有空閒，以免胡思亂想讓煩惱乘虛而入，因此集中精神靜下心，不斷地工作，久了自然找出自我的工作法則而發揮良能。雖然看不到外在的境界，但是內心這面鏡子磨久了，自然明朗、清淨；她開啟了心眼，悟出如何時時自度，還要度他人，讓生活過得有意義。

53. 網咖阿嬤

老菩薩從年輕做到老，直到背都駝了還要做環保，令人好心疼，也好感動。

在中和有位八十歲的阿嬤，她說：「每次看到師父，眼眶就會紅，我覺得師父要做這麼多事情，很辛苦，我能替他做一點什麼呢？能做的就是環保，所以我要認真做。」聽了多感人啊！

有一陣子很流行上網咖，許多年輕人總是在那邊流連忘返。每天早晨四點鐘左右，網咖要打烊了，阿嬤就會進門去，因為她發現這裡的飲料罐很多，可以回收。

起初店裡的人以為她是僱來的清潔工，後來知道，原來阿嬤是特地來做資源回收的，大家都很感動。

阿嬤為了回饋這家店，每隔兩天就會去幫忙清掃樓梯，一邊刷洗還一邊念，怎麼才兩天就這麼髒？怎麼大家的檳榔汁都亂吐？好難洗！雖然很難洗，但她還是持之以恆，每天早晨四點鐘就去撿回收，每隔兩天就去幫忙洗樓梯。

看看這位老菩薩，從年輕做到老，做到駝背了，現在還是說：「我年紀這麼大了，能為師父做什麼呢？只能做環保而已，至少我能把回收資源換來的錢，幫助師父做救人的事。」多貼心！我真的非常感動！

不過，看到這位阿嬤背都駝了還要做，也好心疼。

《藥師經》上有一句經文：「攣躄背僂」，攣躄就是沒有手、腳，或是手腳蜷縮了沒有作用，背僂就是駝背。其實，有雙手不做好事，不就等於沒有手一樣？事，都是人做的，好事或是壞事，這都要用健康的心靈去分別、去選擇，好事就要用心地做。

54. 不老志工

有一次我路經新竹，臨時決定繞道慈濟環保站，看見慈濟人平常做環保的景況，一大群人正做得投入；廚房有不少人在準備香積，氣氛熱鬧，我問：「你們在做什麼？」

他們說：「準備午餐讓大家用。」當下感覺環保站就像一個大家庭。許多老人家一早到環保站，志工們會招呼：「阿嬤，您吃飽了嗎？」「還沒。」「來，趕緊趁熱吃。」早上有熱食，中午也為大家準備餐食；環保站真是社區道場，能讓老者安之、少者懷之。

在高雄有一群志工阿嬤，來自不同社區，彼此以姊妹相稱，相約在環保站——有人騎腳踏車，有的步行，還有拉著拖板車沿路撿拾資源，無所不有。以她們的年齡而言，從小到老為家庭、社會、子女；如今老而不退、不休，仍為這一片大地付出。

儘管她們年事已高，仍有志一同——愛護大地，疼惜社區衛生；環保從自己身上開始，整齊俐落，並且投入環保站，將回收物一一分類整齊。外在環境井井有條，身上也能看到整齊，這就是環保人文。

大愛臺的同仁曾前往南港，採訪一位年逾九十的詹阿嬤，問她：「阿嬤，身體好嗎？」

她說：「我都沒有吃過藥，也沒有看過醫生。」

「您怎麼那麼健康？」

她說：「我也不知道。」

其實詹阿嬤坎坷一輩子，從小就要做工；結婚後先生又往生得早，一個女人做小工扶養六個孩子長大，可想像有多麼辛苦。

但是，詹阿嬤有個特色，很照顧自己的形象，從年輕就喜歡穿旗袍，迄今即使做粗活、做環保也穿著整齊的旗袍。身形挺直，不論是蹲著摺報紙、彎下腰撿罐子、用腳踩扁寶特瓶，或是手推載滿資源的推車等，動作都很俐落。

詹阿嬤說：「做人就是要『做』，有人病死，沒有做死的。」她勤做環保當運動，一生勤儉，生活簡單知足，心有正念，常保歡喜沒煩惱，因此身心健康又長壽，這就是養生之道。人生的寶貴在於能造福，沒有人能預知生命的長短，不過用心利益人群，就能讓生命開闊、深廣。

在慈濟的環保站，有濃濃的倫理傳統，真是做到「家有一老，如有一寶」，對於環保站裡的老人家，時時關懷、經常探視、問候是否一切平安、健康？愛的互動很溫馨。

55. 老幼都是寶

環保站如道場，每一處都有許多美善人生的真實故事。

有對姊妹，母親不知為何身體狀況愈來愈差，記憶逐漸消退，後來連自理生活起居的能力都喪失。父親很擔心，趕緊讓姊妹倆帶母親到醫院檢查，醫師表示是老人失智症的徵兆，於是她們決定將母親帶進環保站，多與人群互動。

起初母親不大想去，她們軟硬兼施，總算將母親帶到環保站。母親到了環保站後，愈做愈歡喜；原本不說話，過往的事也都遺忘，慢慢地與人互動，愈說愈多。之後還能現身說法，與人談起投入環保的因緣：「本來不想去，女兒硬要帶我去，開始時很生氣，不過做了以後很歡喜，現在還會做到不想回家。」一再三強調她的感恩及歡喜，看不出罹患老人失智症。

環保站在社區發揮很大的良能，護大地也愛人類。曾在環保站看到一位老母親，帶著一對三、四十歲的兒女一起做分類；這位老母親共有五個孩子，大兒子與小女兒精神異常，其他的子女都已結婚，母親就帶著這兩個孩子到環保站。

她的兒子個性活潑，看到我立刻站起來表達他很會做環保，女兒則顯得沉默文靜，同樣的是他們跟隨著母親靜靜地拆解錄音帶，細膩地連小小的螺絲也一一拆下分類。難以想像若沒有社區環保站，這位母親該如何照顧這對個性迥異的兒女？

這些年長或年少的環保志工，無不是現身教育，讓周圍的人能從他們身上學習大地與人生的道理。有位阿公常常帶著小孫子到環保站，我問這個小朋友：「你每天都來嗎？」

「每天來，還會帶同學來。」這是小小的人間菩薩，也能「同學度」——度與他同齡的孩子，帶他們一起到環保站，了解如何惜福。

兒童的心靈很單純、清淨，這時應讓他懂得做人要克己、克勤、克儉、克難；否則一旦沾染不好的習氣，不懂得惜福，將來如何造福？若能在孩子的心地種下惜福的因，將來自然會造福。

無論男女老幼，每個人的力量都很重要，學習惜福愛物的精神，為環保付出一分力量。
（攝影／劉素方）

花蓮有位十一歲的杜小弟喜歡沿路撿拾資源做回收，他的心願是將來要當「環保警察」，做一個能救地球的人。杜小弟很殷勤，常到環保站，問他：「你的同學都去玩，你怎麼不去？」

他說：「我做環保就是在玩。」多會把握時間。同時他很虔誠，上教堂時，會祈禱天下無災難。

我們不能輕視幼童或長者，若大家能學習他們惜福愛物的精神，為環保付出一分力量，就能減緩地球所面臨的危機；無論男女老幼，每個人的力量都很重要。

56. 賓士車當回收車

慈濟從一九九〇年推動環保至今，所有的環保志工不分年齡大小、無論職業背景，人人將街頭當作修行的道場，不畏髒亂、不辭辛勞，低頭彎腰，一一將垃圾分類、整理、回收。甚至還有許多人把自己的土地或住家奉獻出來做環保。許多人因為做環保，憂鬱症不見了，腰痠背痛也好了……這一切都教我感恩又欣慰！

有位老董事長夫人每天下班之後，就由司機開著賓士車送她到環保回收點做分類，有時環保車載不下，她就用賓士車來載這些回收的資源。員工都覺得老董事長夫人很奇怪，怎麼用賓士車載垃圾？

於是，她把我講的話告訴大家，開始對著員工宣導環保理念：做人要懂得惜福、感恩，隨手丟掉的東西都來得不易，如果我們去做資源回收，就會知道每一件東西都有生命……

宣導了一段時間後，上自主管下至員工，都很佩服，還有許多人跟著她做環保。這是因為她從自己本身做起，所以能夠感動人。

我常常說，話能感動人就是妙法。殷勤誠懇地去付出，說自己所做，做自己所說，則每一句話都是妙法。

許許多多的物資，在消費者享受之後就被丟棄，每個人都這樣輕輕地一丟，最後變成垃圾問題。但是另外有一群人，為了呵護大地，珍惜資源，很用心投入回收這些被丟棄的「垃圾」，甚至有人把這一堆堆的垃圾，變成了一件件的藝術品。

所以我一直很感恩這群環保志工，他們不只是接受我的呼籲，還幫忙宣導；不只是宣導，還身體力行。為什麼而做？不為名，不為利，是為愛，而且是無所求付出的愛。這是不是至善呢？這就是最徹底的善，也是最美的人生。

57. 家庭和睦歡喜做

「歡喜才會來。」慈濟人將環保志工帶動得如同一家人，看大家笑容滿面，的確是做得很歡喜。

常看到有夫妻檔、父子檔、母女檔，還有全家出動做環保，一家人和樂融融。有一對學歷很高的夫妻，看到大愛臺「草根菩提」節目，深受感動，認為做環保很有意義；夫妻倆不但相約做環保，還邀請認識的教授、老師，以及曾在公家單位任職的高階主管，都投入環保站。

在環保站還常見有人在做環保的過程中，改變以往不良習氣，帶來家庭幸福；如在「草根菩提」節目中，常有太太會說：「以前先生開口就要罵人，動輒還要打人；現在做環保，環保站裡的師兄、師姊會講道理給他聽，人變得溫柔，還會幫我洗碗、洗衣。」

原本吵鬧不休的家庭，經過調和之後，氣氛變得溫馨。而且環保志工會鼓勵大家，對家人表達出深埋內心的愛；不只是夫妻，親子之間也應如此。有的父親很嚴格，認為：為什麼要向自己的孩子說好話？孩子則會說：「爸爸開口就要罵人，所以我都離得遠遠的，不和他講話。」父子一起做環保之後，向大家學習到「行孝、行善不能等」，彼此珍惜這一分親緣，相處變得融洽。

有些人過去的人生顛倒迷茫，走入環保道場後，自我調正人生方向。有位卓先生年輕時過得懵懂荒唐，曾身陷囹圄，後來受到慈濟人感化，走入環保站，從此大為改變。如今卓先生對母親恭敬孝順，每天回家先喊一聲「媽媽」，並且倒茶給母親喝；要出門也會說：「媽媽，我要去做環保了。」

卓先生醒悟人生過往的錯誤，努力改過彌補；平常就背一只袋子，沿街用長夾撿拾垃圾，勤做環保，為社會付出，連原本已經放棄他的兄弟姊妹都表示肯定，他說：「我的兄弟都很支持，提供土地要給我做環保。」看到及時重新再來的人生，不必等到下輩子，昨天的過錯今日改，即是重新做人。

環保站除了是心靈加油站之外，也像是社區的日間照護，兒孫上班前，先載長輩到環保站，白天在環保站裡發揮良能，還有許多志同道合的夥伴相陪伴；兒孫下班時，再接回家共享天倫，多溫馨。也有的長者自行前往，如中和環保站有位阿嬤，每天都要搭乘火車再換搭公車才能到達，路程雖然遙遠，但是她從不缺席，做得身心健康、自在。

這些阿公、阿嬤不僅做環保，有的環保站會利用空間天天播放「人間菩提」、「草根菩提」等節目，或是安排許多社會教育課程，供大家學習等；儘管有些老人家不識字，卻能透過學習手語歌，比出每一句歌詞，雙手能武、能文，真是不容易，尤其透過身體力行，讓生命變得紮實。

58. 慈青生力軍

全臺灣約各所大專院校多設有慈青社（註：慈青全名為「慈濟大專青年聯誼會」），有些學校的慈青很積極在推動環保。像政治大學的慈青同學，他們在學校裡淨校，推動淨化、環境衛生，積極從事紙類回收。

這些年輕人不只是在學校，有時候也去淨灘。他們利用課餘時間投入環保，這分精神感動老師和同學們，每次大家休息的時候，老師看到慈青還埋頭在做垃圾分類、資源回收，都會不由自主地走近他們的身邊，讚歎地說聲：「你們辛苦了。」

我們可愛的慈青就會抬起頭，揮著汗說：「一點都不辛苦，我們做得很開心。」

老師好奇又問：「你們做得那麼辛苦，怎麼那麼開心？」

他們就會說：「來嘛！老師也一起來，您來嘗試看看，就知道我們為什麼做得開心了。」

縱觀現代社會，青少年都有各自的煩惱，有人功課壓力大，有人罹患憂鬱症，慈青們知道了，就會邀請對方說：「功課遇到困難的時候，就暫時放下，一起來做環保分類，在這裡輕安自在，有什麼心事大家相互分享，相信你會做得很開心。」結果，有憂鬱症的、有功課壓力的、不開心的，還有些有人際關係困擾、打不開心門的，這些年輕孩子也都會到環保站來。

他們在這裡學會縮小自己、配合他人，得到生活的智慧，獲得付出後的快樂，還結交志同道合的好朋友，更在許多社會小人物的身上找到面對人生的答案。慢慢地打開心門，漸漸就能告別憂鬱症的陰影。

你看，這都是慈青孩子熱力四散的影響，默默為社會回饋奉獻，用愛用力去付出，用雙手來撫慰地球，來淨化環境，令人看了都很疼惜。看，這群孩子不都是寶嗎？真是社會的寶。

還有中華科技大學的慈青，他們做環保做到感動學校，學校為他們搭了一間環保屋。這些慈青們還爬進環保子母車去「尋寶」，他們不捨紙

慈青們用雙手做環保，也帶動校園環保，要讓更多同學體認到環保對減緩地球暖化的重要，共同愛護這塊土地。
（攝影／鄭龍）

張、瓶罐就這樣白白丟掉，就跳進垃圾子母車裡，把可回收物一一撿拾起來，沖洗乾淨後再分類回收。

之間有一段感人的插曲，就是有位拾荒老人，平常以收撿寶特瓶維生，看到這群孩子在撿紙張，剛開始冷眼旁觀說：「你們這些孩子撿紙張做什麼？我撿我的寶特瓶，你們撿你們的，井水不犯河水。」

但是這些慈青很乖巧，他們就說：「阿公，這裡有寶特瓶。」他們撿紙張的同時也撿寶特瓶送給阿公，還教他要分類仔細去賣才值錢，也主動幫忙分類。

阿公被這群年輕人感動，變成一起分工：「好，你撿寶特瓶給我，我撿紙張給你。」就這樣愛的交流，那種愛的動力，真的很溫馨。

第三部

收穫

一手動時千手動

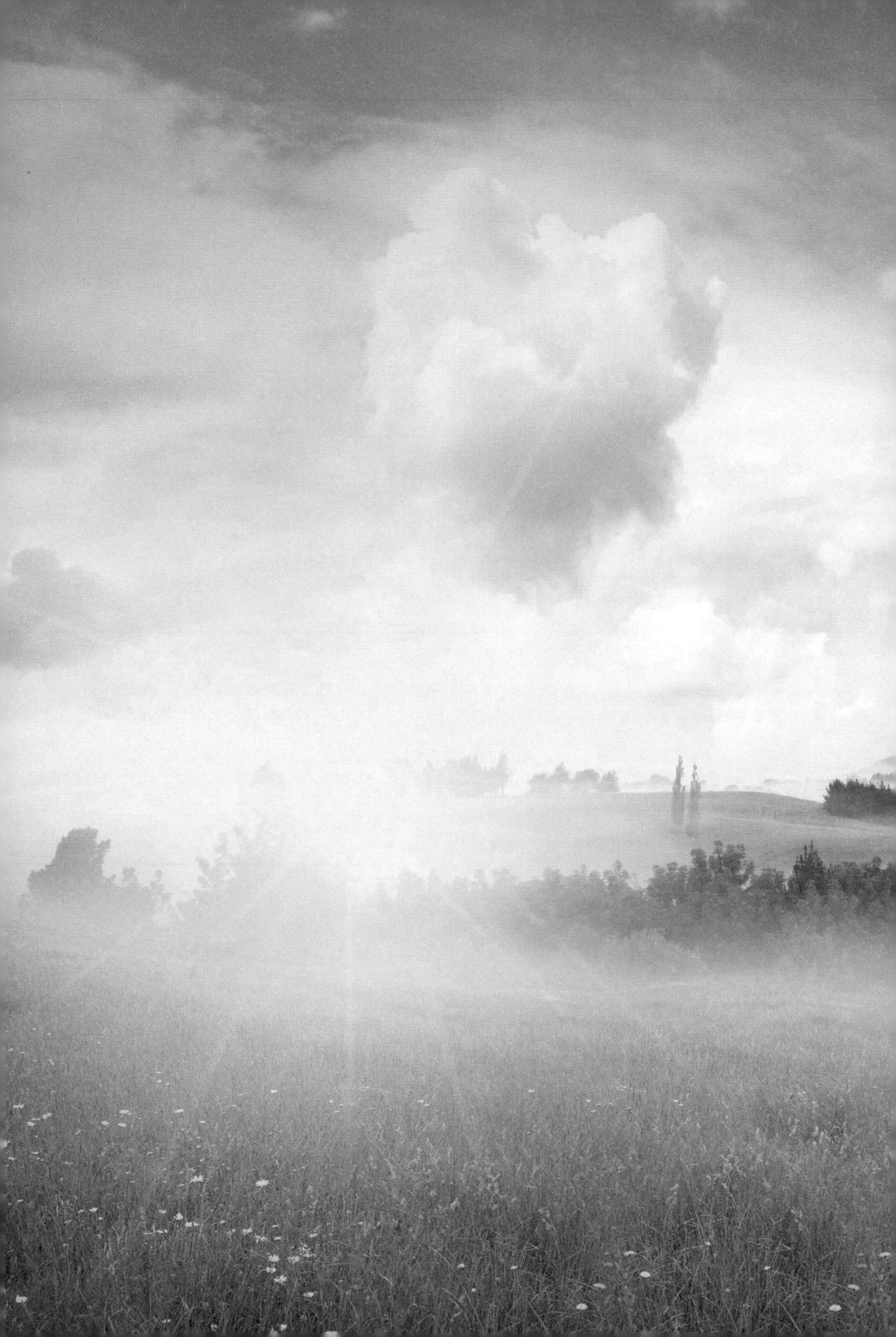

第一章 亞洲

疼惜大地，
要從人人的足下起步。
——證嚴法師

59. 不一樣的環保外交

二〇〇五年聯合國在美國舊金山舉辦「世界環保日」大會，慈濟受邀參加，而且是唯一被邀請上臺分享的團體；與會的各國人士聽了分享才了解，原來慈濟是來自於臺灣的佛教團體，對環保的推動及品質的提升不遺餘力，環保志工遍及社會各角落、階層，不同的年齡、背景、行業，包含教授、博士都投入環保。

二〇一〇年七月佛教慈濟基金會經多年申請，嚴格的審核，長時間的觀察，終於正式成為聯合國經濟及社會理事會「非政府組織具特別諮詢地位之會員」，並於九月初澳洲舉辦的聯合國ＮＧＯ年會中，受邀以「水資源」為主題參展與演講。

慈濟人準備了印尼的紅溪河整治經驗，還有甘肅援建水窖為題參展。從印尼的紅溪河，我們提出人人需要具備環保觀念，否則一旦環境沒有保護好，或人民生活不均，富裕先進的大城市也會同時存在骯髒、與垃圾為伍的生活，互為影響，形成惡性循環。

慈濟環保站看得見、摸得著，還可以實地操作，已成為臺灣重要的環保典範教材，甚至不經意間成就「環保外交」，許多國際貴賓及環保專家，慕名而來參訪學習，也因此認識臺灣。

以慈濟在臺北市內湖環保站為例，國際人士的參訪場次及人數逐年增加，到二〇一八年十月底即累積了近三百五十場次及逾萬人次，希望能學習慈濟環保理念與模式。

《華爾街日報》（The Wall Street Journal）二〇一六年曾有一篇報導：「臺灣曾被稱為垃圾之島，如今卻成為資源回收的國際典範。」近年來，慈濟志工多次在聯合國相關會議等國際場合，受邀分享慈濟環保經驗及成果；一個蕞爾小島的環保意識，也受到國際人士肯定，實屬難得。

聯合國曾公布一項氣候調查報告，若依目前溫室效應發展趨勢，約在二〇三〇年將突破攝氏一點五度的「升溫大限」，造成不可逆的地球大災難；從這個角度來看，人類只剩下十二年時間可挽回暖化劣勢。

三十年前，「瀕危的地球」已是風雲人物，如今它依舊是問題焦點；而背後成就它的人，可能就是你我每一個人。

從現實情況而言，慈濟推動環保有點像「愚公移山」，因為消費趨勢及垃圾製造習慣若沒辦法有效從根本去改變，那不管我們怎麼回收與清理，都趕不上增加的速度。

所以我們積極推動「環保七化」：年輕化、生活化、知識化、家庭化、心靈化、精緻化、健康化，除了清淨大地，也要清淨自我身心。這樣的理念也獲得各界的認同。

我還是要不厭其煩的提醒大家，環保問題是全球性的，不是只在一個縣市或一個國家而已；若在慈濟志工的帶動下，從臺灣做出環保典範，有系統地推展到國際間，人人有「共知、共識也能共行」，人類的明天才有希望。

60. 清流繞全球

只要大家肯動手做，看到髒亂能動手清理，將環保落實在自己生活中，則淨化環境不會太難。

地球是大家的，我們都有責任保護它，不要怕力量小，我們要做別人不願做的事，「以身作則」，就能感動別人一同來做。

所謂「一手動時千手動，一眼觀時千眼觀」，如果看到髒亂就能動手清理，地球才能清淨，資源才會充足；若只想顧好自己的家，別人的家不乾淨，臭味一樣會到處飄散。從一個家庭，進而地區、鄉鎮，乃至一個國家，只要大家肯動手做，同心出力，我想環境要淨化不會太難。

現在遍布於各地區的慈濟人都有這分心念，也表現出團結祥和的力量，這讓我很高興也很安慰，希望這分力量年年增加，因為光是慈濟人來做還不夠，要帶動全球的人有惜福的觀念，才會知道造福；要呼籲全球的人一起來愛這塊土地，才能真正保護地球。

我們要把這樣的精神、知識、理念傳遞到全球，就必須先將環保落實在自己的生活中。請大家不要輕視自己的一分力量，不要忽視自己的一個動作，即使是小小的力量與動作，都可能成為帶動全球的力量。因為小小的善若能集合起來，就是大的善，讓垃圾變黃金，黃金變愛心，愛心化清流，清流繞全球，滋潤大地，淨化人心！

61. 垃圾山的環保尖兵

在菲律賓有一處垃圾山，許多窮困的人就在附近搭蓋違章建築，棲身在裡面。二〇〇一年七月間，前後有兩個颱風登陸菲律賓，豪雨狂風造成這座垃圾山崩塌，竟掩埋了一百多戶人家。

當地慈濟人參與這場救災活動後，感慨良多，尤其當地的慈青們被深深啟發，他們體會到垃圾山的問題是人的行為所造成，想要改善，必須從自身做起，於是開始在馬尼拉推動環保。

這些志工們不只開車到處宣導，還教導大家如何分類、回收，啟發這分惜物惜福的愛心，並且把回收物整理得整整齊齊，定時載運處理，用行動來帶動。

一時的感動或短暫的同情，都不會起大作用，有感動一定要採取行動；內心起了悲憫，悲憫就建立了願力，讓人立下宏願去做，這就是悲願。看看這些慈青們，就是由內心的悲憫，進而立願、採取行動去做。

做好事不一定都是有錢人，窮困人也可以做得到。看看菲律賓，之前因為海燕颶風，造成重大災情，引發大水災，我們曾經去當地幫忙，來自我們各地支會的愛心，點點滴滴會合起來，創造了大愛村，現在住在當地的人們，都從災民成為菩薩，當起志工。

像是二〇二〇年新型冠狀病毒疫情在菲律賓影響甚大，政府提出限制令，已經影響不只是工作，同時也影響到人，更影響到了家居。

原先有些人雖然低收入，但是有空地，可以去種菜，平常還能賣菜來補貼家用；這一回，菜都種得很漂亮，長長的豆子長得多麼旺盛、飽滿，但是每個人哪裡都去不了，菜運不出去，自己也吃不了那麼多，如果沒賣，繼續放在菜園裡會老掉，不採也會過時。這一回，大家的生活都被疫情打亂，原本有工作的沒工作，土地上種的菜也無法運出去，家庭收入也幾乎完全停擺。

慈濟救急也救窮，奧莫克大愛村的慈濟志工與慈青，決議買下農民所種植的蔬果，幫助農民度過難關，同時將這一批蔬果轉贈給受到疫情影響

垃圾山的問題是人的行為所造成，要改善就須從自身做起。
（攝影／潘曉彤）

而缺糧或生活貧困的家庭。

看到他們這樣的作法，想到過去我們幫助的孩子，現在長大變成慈青，慈青與住在大愛村的居民有了交集，出錢買下這一片菜園的菜，種菜的人終於可以去採摘，不用看著菜老掉、壞掉。

看著孩子們去摘豆子，他們都不是摘來自己吃的，他們規畫要送給沒錢買菜的人。大家雖然最近生活不是很好過，但有心有愛，只要我們有愛心，就會有剩，有愛就有剩，剩的愛心不是不夠還有剩，這叫做「心富有」。

62. 土石流災難過後

二〇〇四年，自十一月起的半個月內，菲律賓呂宋島前後遭遇四次颱風、洪水侵襲，造成房屋毀損、田園流失，一千多人傷亡，五十多萬人流離失所；其中東部三個沿海小鎮，幾乎都有八成以上的民眾受災。

災區路斷、橋毀，對外交通中斷，位在馬尼拉的慈濟志工心繫災民安危，想辦法從陸路、空中前往勘災。到了災區，發現真是慘不忍睹！

在災難過後，呂宋島的海邊飄浮著密密麻麻、從山上被大雨沖落的巨大原木，可想而知，這是專門盜採樹木的「山老鼠」惹的禍。而那些出錢雇聘「山老鼠」的人，可知這種破壞生態的行為，將引來多大的災難？奪走多少人的生命？破壞多少的田園和家庭？

臺灣的賀伯風災就是破壞山地生態所發生的結果！土石流以千軍萬馬之姿，隨大水翻滾而下，山居人民辛苦經營的家園，剎那盡毀。這些全是天災造成的嗎？不，應該是人禍啊！人類的貪欲嚴重破壞了自然生態，使得天災一次比一次讓人驚心動魄。

我常說，環保志工就是環抱地球的菩薩，大家要以媽媽的心來疼惜地球，推動垃圾分類、資源回收、減量砍伐……等，幫助地球恢復元氣。

二〇〇九年，菲律賓遭受凱莎娜颱風侵襲，讓馬利僅那市陷入水深火熱之中，那時慈濟人以工代賑幫助他們，影響所及，已有數千人投入慈濟志工行列。他們雖然物資貧窮，但是心靈富有，每次有災難發生，都能助人救人；除了濟貧教富之外，還希望能資源回收、推動環保。

後來菲律賓慈濟人中有位蔡居士發願，要動員當地人認真做環保。不到一年，已成立九十九個環保站，還有兩個環保教育站；他們甚至到清真寺宣導，請教長觀看我所說環保觀念的影片，教長看得入神，聽得用心，也歡喜支持，因此在清真寺裡也有一個環保點。

做環保，不分你我，我們跨越的不只是國籍、地域，還有宗教的分別，大家齊心一力。

63. 愛與善的循環

為窮困人家付出，更能體會到人生的苦難。也就是因為這樣，善的循環，愛的循環，才會源源不斷。

我常常讚歎馬來西亞的慈青，他們有些人在當地的生活並不富有，有的連求學都很辛苦，但他們知道父母親的擔子很重，所以在讀書的生涯裡很自愛。很多人在加入慈青社後，跟著師姑師伯們一起去做志工，為當地窮困人家付出，更能體會到人生的苦難。

在當地，需要洗腎的病人很多，但這筆醫療費用對窮困人家而言，是一大負擔，所以慈濟人在檳城設立一家洗腎中心，免費為窮困病患洗腎。

既然是免費，洗腎中心的負擔也就非常龐大，但是這些經費要從哪裡來呢？當然需要許許多多的愛心人一起投入，哪怕是點滴的力量，他們都不放棄；可是經費仍然不夠。

當地慈濟人聽到我在呼籲，「垃圾變黃金，黃金變愛心」，就開始努力推動環保，做資源回收。這些慈青還到許多大樓去宣導，挨家挨戶去推廣環保理念，一來教導大家懂得惜福，二來讓大家有機會做好事，因為資源回收的錢，可以捐給洗腎中心。

原先只是家裡的廢棄、垃圾，竟然也能夠幫助貧困人家洗腎，所以住戶們都很支持，慈青們也每個星期都去載回收物。

我常常說，人多力大福就大。也就是因為這樣，善的循環，愛的循環，才會源源不斷。

一九九五年，馬來西亞慈濟志工邁開了環保志業的第一步。迄今，環保點已經林立，並榮獲當地政府頒贈「環境特別獎」、「環境最友善機構」、「紙類回收卓越貢獻獎」、「支持國家環保計劃榮譽獎」，真的很令人欣慰。

64. 來自二十六國的愛心

以前常是哪個國家有災難，臺灣慈濟人即率先啟動，接著呼籲全球慈濟人共同投入關懷。臺灣發生SARS疫情後，有五大洲共二十六個國家寄來愛心口罩，其中有許多是我們曾去幫助過的國家。這些無私的愛，不斷從遠途回歸臺灣。

緊接著，慈濟人從機場開始整理、出關，再分類、打包，送到全臺有需要的醫院，可見人間菩薩網編織得十分緊密，綿密的愛相互傳遞，沒有距離。

從香港開始，在大家還很害怕時，慈濟人就勇敢的去付出，如關懷醫護人員、到街頭巷尾發放口罩等；臺灣也一樣，除了不在封閉空間集眾外，大家也利用機會到公園去帶動，發放防疫手冊的同時推動「愛灑人間」，啟發人人的悲心，以虔誠心來共同祈禱。

我們應該編織一個保護網，將愛綿綿密密地編織起來，就能罩住很微

我們要用千千萬萬層的愛，編織成一張愛之網，用愛消弭災難。
（攝影／蘇品緹）

細的心靈病毒。一層不夠，還要兩層、三層、四層……用千千萬萬層的愛，編織出高密度的愛之網，有愛就有福，有愛就能消弭災難。這道理自古有之，如前人所說：「積善之家有餘慶。」這張綿密的愛之網，必須內外一致來編織。

雖然SARS的威脅力很強，但在這場危機中，也看到人類的轉機；讓我們有機會喚回人性的單純，並且上了一堂課：千萬不要坐擁自大與傲慢。我們身處在微生物的世界裡，無法確切得知它的所在，一定要用敬畏的心，才能和平共存，在人與萬物之間，學會謙卑、相互敬重，才能相安無事。

但願這樣警世的覺悟，要逐步踏實，不斷往前走。

65. 放下身段的醫師

現在世界許多國家都在推動環保，然而有多少人願意回收？何況回收的是垃圾，必須用心整理分類才能成為有用的資源，這不是一件容易的事，但是有心沒有做不到的事。慈濟環保志工聚集大家的愛心，不僅回收的數量多，還講究品質，已受到國際的矚目與重視。

馬來西亞吉隆坡的中央醫院，是一所擁有四十多個醫療單位的大醫院，在婦產科任職高級顧問的伍醫師，於二〇〇六年經朋友介紹慈濟，心生嚮往，隔年便參加慈濟人醫會，認為慈濟的四大志業值得用心、盡形壽付出，投入慈濟的行列。

她了解環保的重要性——人人若是做好環保，就能節能減碳救地球；便發願要讓大家做環保。起初她進行宣導時，用的是「一指神功」——指派各個單位做好資源分類。令人感覺：我工作都忙不過來了，那有時間做分類？或是感到：怎麼能用主管的身分強迫我們做。總是不予理會，或者隨意應付。

於是伍醫師深深反省：不能只動口不動手，要身體力行，放下身段。她開始走到每個單位，不只是說好話、宣導環保，還利用時間親自做回收；許多人都被她感動，也有護理師不但支持她，甚至回家教育孩子，讓兒女跟著一起做環保，在家中先將回收物整理乾淨才拿到醫院回收。

由此可見，身教優於言教，光是一地做環保還不夠，需要宣導天下人人一起做；然而如何將「人人都能做環保」的訊息，真正送到全世界各個角落？大愛臺就是一項很好的媒介。

臺灣的環保志工可以做一個典範，讓其他的國家觀摩，還能讓不斷呼籲的國際學者，看到就能知道，環保就是要親自動手做。所以可以靠大愛臺撒播愛的種子，呼籲人人伸出雙手，百手、千手、萬萬手呵護地球。

66. 番薯配白飯

地球的危機讓聯合國緊張，在非洲或貧窮的中南美洲，由於氣象失衡引發饑荒，造成多國糧食缺乏，糧價已飛漲數倍；窮困的人身陷飢餓，即使有錢的人要買糧食，也未必能買到，有的國家即曾因而引起民眾暴動。

提起饑荒，有人會覺得：這離我還很遠，天天所見不都是豐富的食品？商店不都是滿滿的糧食？現在已不只是貧窮國家出現饑荒的現象，有段時間美國的量販店也限量供應糧食，令人想起在二次世界戰爭時，糧食是用配給的方式——一個人只能分到數兩米糧，因此對食物都很珍惜。

而今社會物資充足，不但不懂惜福，反而容易養成浪費的習慣。現代的環境教育不同，在鼓勵消費的環境下，如何能讓孩子懂節儉？

每次看到廚餘都很心痛，世界上有多少人欠缺糧食，正在挨餓受凍？人們卻忍心將食物丟棄。其實現在多數是小家庭，處理三餐並不困難，不必動輒上館子，點了滿桌菜餚，吃得少，剩的卻變成廚餘。平常應該吃多

世界上還有很多地方面臨饑荒之苦，所以肚子餓時，還有飯能吃就是幸福。
（攝影／蘇品緹）

少煮多少，用多少買多少，不要養成奢侈浪費的習性。

在馬來西亞的慈濟幼兒園，有次只煮番薯給小朋友拌著鹽巴配飯吃。起初小朋友會說：「光是白白的飯，吃不下。」師長就教育他們：糧荒時怎麼辦？有的地方沒得吃，大人、小孩只能在垃圾堆中覓食；所以肚子餓時，有飯能吃就是幸福。小朋友聽後，知道有得吃即要感恩，於是紛紛將飯都吃光。

過去的年代，長一輩的人不僅自己節儉，還常用因果觀諄諄教誨下一代；記得小時候若是碗裡剩下一點飯粒，大人會說：「要吃乾淨，不然會被雷公打。」「浪費的人沒有好結果，將來會沒飯吃。」無形之中對孩子講述因果、不惜福就會消福的觀念，所以孩子無論吃飯、用水等自然會節省。

67.天橋下的環保站

在香港，由於地狹人稠，想要求得一點土地做環保站談何容易；而且香港社會工商服務發達，大家非常忙碌、步調也快，要人們能放下身段，騰出時間做環保，更是難上加難，然而有心就不難。

香港的慈濟人發心立願、把握時間身體力行做環保、推動環保理念，他們向市政府借一塊天橋下的土地，其實只有十多坪大，慈濟人在做的同時也發送海報向過路的人宣導，希望能廣招大家做環保。

當然也有人一開始會用異樣眼光檢視，還有人輕蔑地接過海報，一眼都沒看就丟棄，然而這群慈濟人從不放棄，每星期持續進行一次夜間環保。

第一週與第二週人們好奇圍觀，第三週就開始有人參與。還有臺商因為知曉臺灣的慈濟，看他們投入、宣導，主動詢問：「真的是臺灣慈濟做環保嗎？」「是的。」聽到肯定的回答，當下便成為一員，也有人

天橋下的夜間環保站，成為香港慈濟的另一道風景。
（攝影／曾鴻鈞）

帶孩子來做夜間環保。每次做完了，大家就會一起清掃，保持乾淨。

當地的回收商看到慈濟人回收的物資都很乾淨，便樂意配合慈濟。即使慈濟人做完分類時間已晚，回收商早就關門休息，還會在門口為慈濟人放置兩個大回收箱。

隔天一早慈濟人就會接到回收商的電話：「你們的回收物已經計算好收購價格，可以過來拿錢了。」這都是用愛心感動人心，愛的效應互相帶動。

看到許多人都在做環保，感覺地球有希望，期望環保帶動能擴及天下，人人都能用佛心疼惜地球、照顧人類。

68. 心地的世外桃源

印尼萬丹省有個巴杜依族，僅七千多人口，住在遼闊的山區，周圍環繞險要的山路。據說這個少數民族的祖先，為了宗教因素，撤退到此險要山谷，過著安貧樂道的生活，人人心靈單純寬闊。

他們的信仰規律森嚴——禁菸、禁酒、嚴禁外遇，不得偷竊、說謊，也不得有流血衝突，並且禁用一切交通工具，所以他們沒有腳踏車、機車，遑論開車。

生活以簡樸為原則，以竹、草為建築材料；衣服除了白色、深藍色、黑色之外，其他顏色都不穿；以當地生產的植物為食，一切都是靠自己，單純地固守在深山裡，過著原始的生活。

他們原本禁止外人進入部落，然而有一次不慎意外起火，燒毀好幾戶人家；一對外地的助產士夫妻，看到當地發生困難，就與慈濟人聯絡。

慈濟人了解當地族人的規矩，所以一到他們的地界就不開車，徒步三個多小時前往村落勘災，贈予災民的衣服也都挑選黑色、藍色等素色衣物，凡事尊重當地文化。

藉此因緣，讓我們認識這個部落，他們雖然物資並不豐富，也沒有便捷的交通工具、文明的物品，但是人人安貧樂道，謹守規律、倫理道德，生活簡樸、和睦，與世無爭、與人無爭，與天地和平共住，這就是心地的世外桃源。

在臺灣，儘管文明物資豐盛，同樣也有心地清淨的人。有位阿嬤家境小康，卻依然勤儉持家，一件衣服修補數次，從大改小，長袖變成短袖，無不是藝術；姊姊穿完弟弟穿，弟弟穿過妹妹再穿，穿不下了就送人，能讓好多人穿，還能趕得上潮流、穿得漂亮。

從環保站回收而來的衣物，經過阿嬤愛心改造，小孫女穿在身上還是很開心；阿嬤教育孫女，回收的二手衣經過許多愛心人的手，就是「福報衣」。這一家省下不少置裝費，累積捐作善款，付出助人。

懂得惜福、節儉，若是家家戶戶能減少消費，每天都豐富有餘，就能多捐助，讓飢寒、受災的人有一件衣服、一碗熱食，獲得溫飽。多數人平安，人人點滴累積，就能幫助少數人的貧困；即使遭遇困頓橫逆，也要善解人生，逆境順受——看到世間苦難，自己還是福有餘，應看淡得失，善解還要富有愛心。

世間法說來簡單，分析起來很複雜；先要認清自己的本性，方能認清外在的萬事萬物。人人都原有一念清淨本性，因為受到外境影響，衍生為複雜的無明，遮蓋、障礙了智慧；找回自心的關鍵為何？掃除顛倒是非的無明黑暗，自然啟發智慧之光，照亮心地，回歸本性，就能將複雜的世間問題看得清楚，不會受境界誘引而造惡業。

69. 惜食也是做環保

生活態度的改變，非但不會影響品質，反而還能有相當不錯的環保成果。有個企業集團規模很大，擴及兩岸，這位老闆曾至花蓮「取經」，將慈濟精神運用在臺灣的公司之後，感到員工工作比過去認真，而且對客戶較能柔和招呼。

他認為很成功，也推行到大陸的公司，常請慈濟人前往演講；員工看到普天之下苦難人這麼多，許多人面臨飢餓，而且未來氣候會更極端，天災密集，以及人禍戰爭、疾病瘟疫等，他們將道理聽入心，知道要節流、愛惜物命，也懂得感恩——五穀雜糧成長不易，一切物命都要疼惜。

後來這位老闆告訴我：「在大陸，我們有數百位員工，現在供餐煮的米一個月可以減少五百公斤。」

我問：「為什麼？是吃飯的人減少嗎？」

他說：「吃飯的人沒有減少，是廚餘減少。」

以前大家都是拿得多、吃得少，吃不完都倒掉，而今懂得珍惜食物；飯菜還是一樣，大家只拿取適當的量，就不會製造過多的廚餘。

這個例子讓我想起，以前的人用水，要等夜間沒有人在洗滌衣物、器皿，水較乾淨時，到溪河、溝渠挑回倒入大缸裡，放一點明礬，隔天一早，就能取水煮飯、燒菜；因為挑水辛苦，用水就會節省。現在自來水取用方便，反而不懂得如何節約，令人擔憂。

一般人日常生活會接觸許多事物，難免內心起起伏伏；然而靜下來好好地思量，能平安過日子，衣食充裕，住的地方能遮風蔽雨，是否應心存感恩？並謹慎觀察，檢討自己的生活是否奢侈、浪費？

一切物資得來不易，五穀雜糧除了要經過農夫的耕作之外，還需氣候調和，若遭遇乾旱、水災；或是水質不良、土壤貧瘠，儘管種下稻子，仍無法結穗。花蓮便曾發生稻穀不稔症（空穗）的情況，農夫也只能望天興嘆。

除了飲食之外，生活中有什麼不需要眾人的辛勤努力？所以大家要戒慎虔誠，自我檢討生活，不要浪費。我們生活在這片土地上，皆能體會到大地在發燒，整個環境、空間的異常變化，所以應提起一分疼惜的心，付諸行動——以簡單的生活，讓地球能休息，不要再讓地球受傷害。

70. 綠油油的蔬國護照

馬來西亞的大愛幼兒園曾推動「蔬國護照」，以活潑的方式讓小朋友懂得素食，老師發給小朋友一人一本「護照」，記錄家人的三餐——一日三餐都吃素，就用綠色標記，二餐用黃色，只吃一餐是紅色。

有一位孩子堅持茹素，所以自己的標記都是綠色，父親的部分則是「滿江紅」，儘管不能影響家人讓他很沒成就感，但是他自己還是堅持「素」下去。

家裡的阿公、阿嬤起初覺得好玩，會陪著他吃素，後來難免擔心孩子的營養，想勸他吃點肉，所以阿公會故意將這個孩子最愛吃的紅燒肉放在他面前；孩子眼睛盯著肉看，內心掙扎，過了一陣子還是走開，不為所動。父母都感到不可思議，看到孩子吃素的意志如此堅定，連原本不習慣吃素的父親也被感動，全家跟著孩子茹素。

有人會說：「小孩子，好玩說說而已。」然而他們的發心立願很清

安親班的孩子在老師的帶領下，邀請店家參與「蔬醒因為愛」活動，一起推廣素食。
（攝影／尤靜蓓）

淨，時時守持願力，也會力勸他人茹素。有位六歲的小女孩「祈祈」，從出生就不吃肉，她每天都虔誠祈禱——人人能知足、感恩、善解、包容，接受她勸齋的大人能生生世世持齋。有次接受記者訪問，她說：「我們要愛獵人，讓獵人不用再殺那麼多生命，動物就可以開心生活；而且我們要環保、愛地球，不要殺動物了。」五、六歲的小女孩，如此懂人事、懂道理。

祈祈還有一個願望——希望阿公多吃素，平常若是看到阿公家買了肉食要煮，她都會表示抗議。有次看到阿公家的幫傭在殺螃蟹，她的表現卻異於平常，只是沉默地看著。一離開阿公家，她就哭著對媽媽說：「我再也不拜佛了，我天天祈求菩薩保佑，讓人人有愛心，也祈求阿公多吃素，可是菩薩都聽不到。」

後來幼兒園的老師告訴她：「我們虔誠的祈求，不是短時期能生效，要長期不斷地祈禱。」她聽懂了，又生起信心；終於阿公也被她誠懇的心感動，願意多吃素。

人人改變飲食習慣，多食用五穀雜糧及蔬果，既有益自身健康，又不必畜養大量牲畜，產生污染，也能培養愛護生命、疼惜動物的慈悲心，正是救地球、緩和溫室效應的好方法。

71. 改正生活習氣

慈濟在汶川大地震後，除了急難救助之外，並持續陪伴四川當地鄉親；當居民生活逐漸安定，便輔導落實環保，資源回收、節能減碳，減少資源的浪費。

當地民眾自從投入做志工，常參加讀書會，了解「慈濟十戒」（編按：不殺生、不偷盜、不邪淫、不妄語、不飲酒、不抽菸不吸毒不嚼檳榔、不賭博不投機取巧、孝順父母調和聲色、遵守交通規則、不參與政治活動示威遊行），以及「佛法生活化，菩薩人間化」：人人都能成為人間菩薩——幫助他人的人，從此改正生活習氣。

有位當地志工說：「做慈濟很開心，到環保站分類很歡喜，因為知道寶特瓶回收能製成毛毯，都是做好事救人，還能保護大地。」為了投入更多時間，他發願戒賭。

慈濟人鼓勵他：「要不要再發願不抽菸、不喝酒。」

汶川大地震後，當地民眾也投入做志工，了解「慈濟十戒」，幫助他人，改正生活習氣。
（攝影/陳怡伶）

他說：「這個很難。」不過旁人紛紛鼓勵他，他便站起來發願：「好，我一星期兩天不喝酒，一天不抽菸。」

過一陣子之後，這位志工告訴大家：「我原本每天抽兩包菸，現在剩下一包；而且現在天天要到環保站報到，都沒機會喝酒了。」每天都很開心、清醒地生活。

他的妻子也讚歎他：「連脾氣都改了。」

自覺才能覺他，自度才能度人，有因緣自己改變人生，才有辦法改變他人共同做好事；先清除自我內心垃圾，才能清除他人的心靈垃圾，人人心靈平臺都乾淨無染，我們所住的地球當然也能淨化。

能立志就是有智慧的人，即刻戒除不好的習性，改變生活習氣，自然能培養真誠的愛——愛社區、愛鄉親、愛大地，發揮利益人群的工作。做環保不只是呵護地球、回收資源，也是自我回收，再造全新的人品，社會多一分明亮、清淨。

72. 遶境保庇推環保

在臺灣，每年都有大甲媽祖繞境活動，這是一項民間信仰活動，由此可見臺灣人的純樸與虔誠。每逢大甲媽祖起駕時，幾乎大甲全鎮鎮民都以虔誠的心跟著媽祖走；不過人潮多，難免垃圾也會增多。

大甲的慈濟人，多年來都跟在媽祖繞行的隊伍後撿垃圾、掃地，以行動宣傳環保觀念；而後積極地事先設點、宣導垃圾盡量不落地，有宣導就有成效。

「影響到個人事小，攸關大眾的、社會的、整個人類的，才是真大事。」聽到民眾打從內心誠懇地發出這分保護地球的聲音，讓人感到「德不孤，必有鄰」，覺得很貼心。

馬來西亞每一年的「衛塞節」（Vesak），也就是佛誕節，是當地的重要節日，所以全國放假一天。每次的佛誕節會有花車遶境活動，非常熱鬧，大家也都會上街去欣賞、看熱鬧。

當地不少慈濟人也會參與遶境，在遶境路線設站，教大眾做垃圾分類。
（攝影／黃海珉）

當地不少慈濟人也會參與遶境，當他們知道大甲慈濟人能在民間信仰的活動中宣傳環保，他們也開始學習、用心宣導，在遶境路線設站，教大眾做垃圾分類，還有人在隊伍後面撿垃圾。

我們不僅僅自己認真做環保，還要推動環保觀念；要推動觀念，就必須從自己起步，若自己沒做，如何影響他人一起做？不只是年輕人能做，老年人也可以做；不只是有錢人做，其實人人都可以做。

譬如只要隨手關燈，小小的一個動作，眾人合起來就是大動作。全民都能做到節能省電，對減碳抗暖化都有幫助，人人從自己的生活行動中，幫助整個地球緩和氣候異常，不是很好嗎？

能調伏自己的心態，好好地照顧自己的身心靈，培養這分愛心與善良的心，非常重要。這種簡單又有效率的生活態度，何樂而不為？

73. 生活清貧心富有

許多人汲汲營營追求富貴，什麼是富貴？其實真正的富貴在於品格，心靈富有倫理、道德，才是人性之富；貴就是品行，貴在日常生活中，從自己的本性做起，言行舉止都要有品行。

數年前，我們到安徽官渡，探訪援建的慈濟村，其中有一戶人家，門楣上釘了一塊「新風戶」匾額，原來就是我們所謂的模範家庭。

受到表揚的是一個三代同堂的家庭，他們的家境雖然清貧，但是家人都富有孝道，媳婦勤儉持家又孝順，每天陪著中風的婆婆出門散步，婆婆的一隻腳不靈活，她就將婆婆的腳綁上一條繩子，每走一步，就把腳拉起來向前，這樣扶著一步一拉，幫婆婆復健。每餐煮好飯，就先餵飽婆婆，服侍得非常周到；她輕聲柔語地噓寒問暖，像在疼自己的心肝寶貝般地疼惜婆婆。

不僅如此，他們對子女的教育也非常重視；家中只靠著先生種植一塊貧瘠的土地，一年的大麥收成，只有一千多元人民幣。大女兒看著父母如此辛苦，曾經想要休學打工，幫忙家計；但是父母不同意，認為窮不能窮教育，苦不能苦孩子，無論如何都要栽培兒女。所以除了自己耕種那塊地之外，農忙過後還要做小工補貼家用；那種父慈子孝，孝悌傳家，真是令人讚歎！

過去純樸的社會，物資不豐富，卻富有濃厚的人情，人人遵守倫理道德，勤勞儉樸的美德；期待能回復人情濃厚純樸的社會，啟發人的善良本性。

倘若每個人從克己的行動、心靈的觀念做起，身心合一，落實生活中，那麼人生的方向就不會脫軌，能自富也能自貴。

74. 用扁擔挑回收物

「環保」是維護地球永續最快速、也最有效的方式之一。

曾經有來自大陸的六百三十七位慈濟志工來臺參與學習，其中多數都在社區落實環保工作，不論是教授、醫師、律師、實業家或是社區民眾，都以保護大地作為自己的責任。

他們走入慈濟，就是了解地球上這片土地，的確需要人類來守護，一定要有人帶動，而最重要的一個方法就是環保要做好。這些遠道而來的志工們，他們在社會上不同領域都很有成就，分享的時候有人說到不但自己做環保，還提供地方做環保點、環保站等等，聽了很感動也很感恩。

在福建省泉州、惠安等地，這些老菩薩不是閒著沒事做，很多人家境很好，甚至也有自己的事業，可是他們了解到了垃圾問題，體悟到人類製造垃圾，唯有人類自己來帶動改善。

所以，這些上年紀的婆婆媽媽們戴起頭巾，一起做環保。她們不只是撿拾以及分類，住得遠的，還要從山上用扁擔把這些分類資源一袋一袋集合起來，再挑下山。所以街頭巷尾、村莊裡，常常可以看到這些婆婆媽媽做回收的身影，這些都是對大地的愛，這種為大地付出的無所求，令人相當感動。

慈濟人為了宣導資源回收，寫了一首臺語環保歌〈人人做環保〉：「垃圾、垃圾嘸通黑白倒，垃圾、垃圾給人真煩惱。」這首歌已落實在四川洛水，當地慈濟環保站有專門載運回收物的三輪車，命名為「慈濟一號」、「慈濟二號」……「慈濟五號」，當地的環保志工將擴音喇叭放在車前，一群人早晨便出門，很有朝氣地唱起臺語的環保歌，整個街頭巷尾都能聽到。

全球各地的慈濟志工都將環保視為自己不可偏廢的工作，許多人在惜福愛物的過程中，心情變快樂，也有人恢復身體健康，更有人因此而轉變成為亮麗的人生。

75. 從街頭議論到響應

海南省一位高齡八十五歲的奶奶馮淑珍，自二〇一二年起，就不斷在幾個不同環保站間投入回收工作，剛開始受到社區的反對與不諒解，家中的晚輩也不認同，但她堅定做環保的理念未曾受挫。

一開始家裡的人會反應，明明生活這麼好，還天天去撿垃圾，怕鄰居外人有些閒言閒語，說些不好聽的話，但是老奶奶依然堅持下去。

她說，來臺灣參觀過環保站，也到花蓮聽我說過：「對的事，做就對了。」所以，不怕別人如何議論，總是一心做好事，她就是這樣做，做到家裡的人感動。看著媽媽為保護地球而付諸行動，聽著媽媽分享富含智慧的道理，兒子、媳婦都轉而支持，也帶動更多人一起參與環保工作。

所以說，環保可以度出了不少菩薩。因為做環保而認識慈濟，明白了慈濟的道理、方向，為地球、為社會、為人間，大家發心一起做環保、互相勉勵。

不怕別人議論，一心做好事，就連家裡的人都感動。圖為海南島志工回收蠟燭盒後，用刀片刮除殘留的蠟油後再分類。
（攝影 / 黃筱哲）

在海南，還有一位一聊到環保，就會笑的志工。她在二〇一二年第一次到花蓮參加慈濟環保營，回到海南後就決定做起環保，當時只要哪裡有回收物，她就自己一個人提著大袋子去撿，剛開始路上回收物很多，每次一撿就是好幾大袋，還得自己接力分批把回收物都扛回家，時常做到晚上十一、二點。

當時認識她的鄰居親友都不明白，她家裡又不是生活困難，為何要這麼辛苦撿垃圾？但是她卻很堅定，相信自己是做對的事，就算人家怎麼說，她總是笑笑地回答：「這是做好事呀！我們做環保可以讓地球更乾淨，以後我們的子孫就有一個乾淨的地球，不是很好嗎？」

這些環保志工，對土地都有著共同的情懷與悲憫，就算是做到滿身臭汗，也不以為苦，一切都只為了減少垃圾，不捨大地受污染。

第二章
美洲

能放下身段、彎下腰做資源回收，
是真正的去我相、滅我執。

——證嚴法師

76. 家在垃圾山

一九九八年，原本就貧困的中美洲又發生水災，本就破損的房屋，也被水沖走，災民幾乎是一無所有。

美國的慈濟人去勘災後回來報告，當地的垃圾山裡住著很多人，若有人載來垃圾，就有好多人趕緊圍過來，做什麼呢？等垃圾倒出來後，馬上翻撿垃圾，尋找他們要吃的、穿的、用的東西，垃圾山就像是他們的寶礦一樣。想到有些人買衣服要選名牌才肯穿，這樣的對比真讓人心酸。

垃圾堆中的蚊蟲應該很多，要怎麼住人？他們以紙箱當房屋，人鑽進去就可以睡了。我們的工作人員在當地聽到孩子的哭聲，循聲去尋找時，差一點就踩到孩子，到底孩子在哪裡？原來是垃圾堆中的一個小紙箱，孩子被放在裡面，那就是他睡覺的地方。

一開始，當他們口頭上告訴我時，我想：這種地方要如何生活呢？真的有人窮到這種地步，貧困到這樣嗎？看到他們拍回來的相片及錄影帶，

看到垃圾山裡竟然住著人，而且一車車載來的垃圾成為當地人的寶礦，更提醒著我們要感恩、要惜福。
（攝影 / 李曉雯）

不由得不相信了。

每一回看到那些鏡頭，心就很痛，一直想著：應該如何去幫助他們？只有一個方法——努力匯聚大家的愛心。雖然力量有限，只能以重點、直接的方式進行援助。但只要我們眼睛看得到、雙腳走得到、手伸得到的地方，就會趕緊去幫助。

當時我們為這些中美洲的貧困國家募集舊衣，本來預計三十九個貨櫃，沒想到一呼籲，全臺灣愛心人士踴躍捐出的舊衣，有將近九十個貨櫃，可見臺灣人實在很有愛心。

臺灣的生活環境比起那些國家，實在好很多，所以我們要感恩、要惜福；惜福前，要先知福，知道自己是有福的人，懂得惜福的同時，則要趕快再造福。

77. 一起掃街掃心地

曾經聽過一句話：「有華人住的地方，就會看到垃圾。」雖然讓人聽了很難過，不過我們要爭志，人文是要教育的，只要大家用心付出，就能提升華人在西方人眼中的品格。

加拿大溫哥華慈濟志工，配合當地市政府發起的「溫哥華清潔活動」，固定每個月去清掃中國城街道，幾年下來未曾間斷。這幾年下來，志工們清掃出來的垃圾，也明顯減少，可見商家們都看到我們所做的一切，也願意投入環保的行列，這些都是善的循環，很好的改變。

二〇〇二年四月，溫哥華市長頒發「最熱烈參與獎」給慈濟人，表揚這個團體以實際行動熱烈參與，維護全市的整潔。

當地慈濟人都穿著志工服上臺領獎，市長頒獎給慈濟人之後，特別讓志工轉過身，指著背心上的文字告訴大家：「你們看！他們就是慈濟志工隊。」這麼隆重的介紹，因為大家背心後面的是「慈濟志工隊」，他就是為了維持街道的乾淨亮麗，掃街也能以身作則，期待能帶動每一個人都愛惜周遭的環境。
（攝影／楊福在）

在表揚所有的慈濟志工。

我常常提醒海外的慈濟人，無論到了哪個國家，「頭頂著別人的天、腳踏著別人的地，要懂得自力更生與回饋。」非常感恩我們各地分會的慈濟人，他們都能真正身體力行，為當地民眾提供最好的服務。當地慈濟人已經做到被尊重，而且被疼惜了。

像是美國慈濟人剛開始在紐約華埠做環保、掃街時，有的人會用異樣的眼光來看待，甚至問：「你們是不是做錯了事，才被罰掃街？」還有人問：「掃街一天能賺多少錢？」

一般人會有「各人自掃門前雪，不管他人瓦上霜」的心態，但是慈濟人認為，這片土地雖不是我家門口，但因為我疼惜它，所以希望讓所有的人都有個潔淨的空間。而且許多參與掃街的人是大企業家，像濟弘就是，他不只親自拿起掃把，看到水溝裡沾黏了口香糖，還拿工具耐心地將它清除。

第一次掃街時，大家用懷疑的眼光看他們。清掃完了，離開不久，回頭看又是髒的，他們還是身體力行，毫無怨言再掃一次。就這樣一而再，再而三的行動，感動了這一帶的人。

有位周老闆在中國城開了一家很大的糕餅店，美國九一一事件發生後，看到慈濟人及時投入付出，他備受感動。他說光是捐錢還不夠，一定要自己投入去做，所以也加入掃街行列。但是他媽媽說：「你是一個老闆，跟著大家去掃街，會不會被人取笑？」他回答：「看到乾淨的街道，感覺很歡喜，我不管別人用什麼樣的眼光看我，我做得很高興，但願能帶動更多人來投入。」

沒錯，賺很多錢是不是真的很高興？不一定；但是無所求的去付出，卻會非常歡喜。

78. 彎腰撿垃圾，心自在

在美國的聖地牙哥市，有位志工劉明山，加入慈濟後也開始投入環保，但是要彎下腰去撿垃圾還是覺得很不好意思，他太太也問：「你捐榮董，還要去撿垃圾？」讓他更是無言以對。

有時在社區裡慢跑時，看到路邊有垃圾，他就會彎下腰去撿，但只要看到有人來，又趕緊把垃圾放下，再慢慢往前跑，直到人家走過去了，才又跑回來把垃圾撿起來。他常常都是這樣，很想做環保，但是心裡很不自在。

有一天，他又彎下腰去撿垃圾時，忽然後面有位美國老人家開口說：「年輕人，謝謝你。」聽到這句話，他整個心門都打開了，「我到底在怕什麼？人家看到了也沒有什麼不好啊！」

另外有一次，當他把回收物集中好，要堆上卡車時，突然間來了一位蓬頭垢面的婦女，要求搭一段便車。他心想：如果載她去，那回收的資源怎麼辦？所以他就說：「好，不過請妳先幫我把這些回收品堆上車。」這位婦女點點頭，就開始幫忙搬。

兩個人邊做邊聊，原來她跟先生大吵一架，離家出走。於是志工就和她分享普天三無：「普天之下沒有我不原諒的人、沒有我不愛的人、沒有我不信任的人」，以及三好：「口說好話，心想好意，身行好事」。

這位婦女聽了很感動，他就抓住機會說：「如果我們能時時稱讚、善解和包容對方，一定會有幸福又快樂的人生。」送她回家後，當先生出來開門時，看到妻子，兩個人緊緊擁抱在一起。

實在很難得，做環保還能造福緣，成就人家夫妻團圓。

79. 文明的代價

文明的進步，帶來生活的便利，卻也在無形中製造許多垃圾、污染問題。諸如美屬薩摩亞擁有天然美景，面積不大，居民才六萬多人；自一九〇〇年被美國合併，當地居民的性情仍保持純樸，但生活隨著美國的文明逐漸現代化。

當地環境四周環海，缺乏淡水，島民覺得瓶裝水飲用方便，逐漸成為生活中不可或缺的商品。然而買來喝完就丟，以致當地塑膠類垃圾激增；不只是瓶裝水，許多生活用品都離不開塑膠製品。

二〇〇九年當地發生芮氏規模八．〇的強烈地震，引發海嘯，成為一場大災難。地理位置較為鄰近的夏威夷慈濟人很關心，數度前往島嶼義診；並且挨家挨戶勘災，發放實用的現金卡給災民。那一波救濟行動，讓當地人認識慈濟，並感受到慈濟人真誠、慈悲的幫助。

當時還有其他人道救援團體前去幫助，如美國聯邦急難救助總署也投入。他們在美國本土就已看過美國慈濟人在慈善、醫療、教育、人文的成就，以及讓物資回歸再利用的環保工作，深受感動。

他們有六位曾組團前來臺灣，參訪慈濟志業。其中一位隸屬救濟單位的金女士表示，美屬薩摩亞居民因為生活在文明之中，不知不覺製造出這麼多垃圾；而這次大量救濟物資的包裝，竟為當地的環境帶來二次傷害，不少救災團體也因而為小島的未來感到擔憂。

然而少數當地人為了商機，不願改變現有的生活模式。其實經商求財不就是為了生活，平安、健康的生活也需要有整潔的環境，為何要先製造垃圾，才來解決如何清理的問題？

我們向來推崇清淡的生活——盡量簡化物質需求，多節省、愛惜物品，回歸過去克己、克勤、克儉、克難的生活態度，不要動輒追求奢華。

我們生活在這片土地上，必須仰賴眾人之力，諸如每天都要吃飯，米、菜、油、鹽，在上飯桌前，是多少人在農業、運輸等方面的付出？能有衣服穿，也需要工業發達帶動製衣產業等；若物資豐富、不虞匱乏，則應心存感恩，珍惜物資。其實，幸福與否端視自我觀念，若能用心回歸簡樸、節省的生活，心靈也能輕安自在。

天地生我、育我，我們應該以順應自然的方式生活才健康；不要為逞一時之快，造作許多不當且傷害大地的行為。佛陀教育我們「多欲為苦」——多欲所造作的惡業，終究是要受苦。有幸身處平安之處，要時時知福，知福的人才會惜福有感恩心；若人人常保感恩心，對大地及人群都有很大的幫助。

80. 有意義的休閒活動

每逢週末、假日，大家歡喜享受假期，當大家在度假時，還有一種人沒有放假——慈濟人，無論是投入環保、醫院志工、社區訪視等，無不守護每個崗位；愈是在他人放假、休息時，慈濟人愈是忙碌，珍惜時間，分秒不空過。諸如慈濟環保志工日日在環保站勤分類，做到全年無休，連除夕時他人問：「你還不回家？不用準備圍爐？」

環保志工說：「今天嗎？原來今天要圍爐。」

這群環保志工已經做到「忘我」——忘記個己的時間，心中只有環保的法。尤其在過年期間，家家戶戶大掃除，清出許多垃圾；或是除舊布新，新添家具的同時，丟棄包裝的紙箱及淘汰不用的物品等，所以年節時的回收量常增加十倍以上。環保志工疼惜大地與資源，儘管是假期，仍然沒有停歇，積極把握時間，不斷地用心在環保，這叫做志業。

把握時間，是慈濟志工的理念，放諸四海皆準。在美國北加州，有許多高科技產業公司以及報社集中於一處區域，每天有大量紙類、電腦器材等物資可回收；在當地慈濟人用心推動環保之下，目前有三十餘處環保點，逾二百位環保志工投入。

當地有家頗具規模的電子科技公司，副總經理是慈濟人，平常在公司帶動同仁做環保，並邀請慈濟志工走入園區，以宣導的方式鼓勵大家投入。每週五下午員工有段休閒時間，過去員工多半選擇游泳、打球等，度過這兩個小時；如今已帶動起不少人，願意在休閒時間投入做環保，為地球付出一分力量，讓生命變得紮實。

81. 哈佛教授東方取經

「惜」這個字就是不捨的意思，只要我們有疼惜地球的心，就會珍惜資源，讓物命發揮更多用途。

有位美國哈佛大學教授來臺灣後，聽到很多人說：「慈濟的資源回收、環保工作做得很好。」

他很好奇，就由臺大詹教授陪同來花蓮參訪。在座談時他問道：「請問，您如何帶動這麼多人一起來做環保工作？」

我告訴他：「我只有一種感覺，臺灣有很多人都有疼惜的心，這些環保志工就是用一種『疼惜地球』的心態，用心投入做環保。」

翻譯者說：「『疼惜』這兩個字很難翻譯，請問要怎麼解釋比較好？」我回答：「地球就像我們生命及身體的一部分。」當他翻譯這句話後，那位教授聽了好像很吃驚，本來是靠著椅背，聽到這句話立刻坐直，請我再解釋其中的意思。

「『惜』這個字就是不捨的意思，『疼惜』是指環保志工將地球當成自己的身體一樣，所以疼惜地球就如疼惜自己的身體。」

他說雖然在美國推動保護環境業已多年，但主要重視環保的理論，他一直無法很貼切地形容地球與人的關係，所以聽到這句話感覺很震撼。的確，「萬物」就是「自己」；因為愛自己，所以對於世間萬物以及生活周遭的一切，都會愛惜。

其實，環保一定要從手邊做起，我們想要積極推動，一定要自己做得很徹底，才能帶動別人。

第三章 其他地區

造福人間、庇護地球，
都需從自己做起。

——證嚴法師

82. 皇宮裡的回收站

每個人心中都有一分深藏在慈悲大愛中的緣，無論多遙遠，不論在哪個角落，只要有緣，都會相聚在一起。

這種相聚不只是有形的，最重要的是無形的契合，若能同心同道同志願，無論離得多遠，都像近在咫尺。

例如在約旦負責慈濟會務的陳秋華居士，他是親王的侍衛長，也是皇宮裡的教練，因為身分特殊，進出皇宮都很自由。

約旦有許多難民營，他們雖然逃離戰亂，卻因為難民的身分而無法找工作，生活沒有著落，只能靠援助度日。陳居士就負起了照顧難民的使命，還把皇宮裡的侍衛，連親王的公主都一起帶出來做志工。

慈濟的救災原則是「取之當地，用之當地」，請當地慈濟人自力更生。但是他們的會員並不多，如何取得經濟來源去做救濟工作？陳居士想出了一舉兩得的方法，就是在約旦推動資源回收。

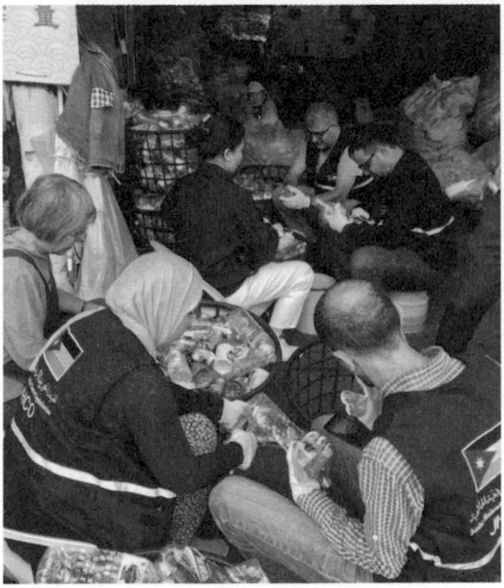

在約旦慈濟志工的帶動下，除了皇宮內設立資源回收站，就連當地英國、加拿大使館也都設了回收箱。
（提供／陳得雄）

要人家做，必須自己以身作則，他先從皇宮裡開始做資源回收，後來連皇宮裡都設立了資源回收站，國王的辦公室裡也有回收箱，他甚至將環保的理念推廣到英國大使館、加拿大大使館等，讓他們在辦公室裡都設了回收箱。的確很有本事，實在是大家的榜樣。而且這些回收賣得的錢，都拿來做救濟的工作。

總而言之，有心去做就沒有困難，尤其從自己開始做起，就能感動和帶動很多人。不論是飯店或商家，都會自動將回收物送到他家。剛開始回收資源，一個月只賣得臺幣三千多元，雖然不多，但重要的是把這種回收的觀念，落實在每個人心中，讓大家提起惜福的心，這就是一種教育。

83. 掘一口生命之井

世間有苦有樂，其實「樂在哪裡」？樂在見苦知福、在幫助人的時候最快樂。

辛巴威當地發生饑荒、久旱無雨，當地五千位居民靠著一口壞掉的井，以即將乾枯的混濁水孎解渴、洗衣、洗澡。

一開始，是有位臺商朱金財前往辛巴威經營事業，二〇〇六年，他在當地因為收看大愛電視而感到震撼，於是開始調整原本在當地布施的方法，也投入慈濟培訓，每每都長途、跨境到南非參與培訓，發願要帶動本土志工來投入。

除了最直接的援助——物資發放，也為孩子理髮、贈藥；接著興建簡易教室，讓老師們授課時不需要再「躲太陽而教」。

看到他們沒水可用。朱居士回臺灣便與慈濟基金會討論，擬定援助計畫，除了簡易教室改善環境，也為鄉村打簡易井，便利村民們用水。

朱金財居士為辛巴威村民改善環境，與本土志工為鄉村打簡易井，便利村民們用水。
（攝影／林炎煌）

我們也答應他們一起鑿井，工程雖然浩大，但在志工與村民的努力下，六天就完成兩口井水工程，往地面挖水，挖到下面的水脈，看到水湧上來，村民們歡心鼓舞。可是我們看現場畫面，其實水還是那樣渾濁，但是對村民來說，不出門就有辦法拿水，大家歡喜的提水頂在頭上，都很快樂歡喜。

但是這個時候的歡喜，隱憂在後頭——水脈沒有節制一直開挖下去，有朝一日，這一片土地還是會乾枯掉。井水抽久也會乾，果然，現在又開始挖井了，而且他們的缺水範圍愈來愈廣，還要再增加水井。

天不作美，不下雨，天乾地燥，的確也是很困難。我們能給予他們的就是愛；物資也許都會斷，也可能會斷糧斷水，但給予他們的愛，教他們如何去付出——沒有資源也可以用愛的態度來面對生活。

84.貧民區變環保典範

慈濟環保站都是一個個福報站，在這個空間中還能共修。慈濟的修行之道在於如何接引他人，落實「佛法生活化，菩薩人間化」，活出一個真正有品格、有品質的人生。方法就是「福田用心耕」，人人的心中都有一畝福田，只要好好耕耘，一顆種子能產生無量，無量也是從一而生。

南非有個藍堤社區，原本治安不佳，連警察都不大敢進入；一群南非祖魯族的慈濟人與來自臺灣的慈濟人，勇敢地走入村莊援助貧困的居民。用愛不斷地溫柔膚慰，終於讓一群強悍的居民，慢慢地變得祥和，不僅改正錯誤的習氣，還進一步成為環保志工，這都是愛的力量。

原本在當地，從垃圾桶裡或街道上撿東西，是一種卑微的行為，所以沒有人願意彎下腰撿垃圾。慈濟人在發放物資時，宣導環保的重要性，以及部分物資來源，即是自垃圾回收所得。

社區居民開始互相勉勵，發願做環保，全村老少一致動起來，落實垃

慈濟人親自力行的行動，讓大家深為感動，藍堤社區居民開始互相勉勵，發願做環保。
（攝影／方龍生）

圾不落地、資源回收，從校園、商店，還有家庭，人人走出來做環保，市容煥然一新，成為一個社區環保典範。

「福人居福地，福地福人居」，中文的「福」、「禍」字形相近，大家都喜歡追求享受、享福；須知福一旦享盡，禍就跟著來。想消弭災難，唯有淨化人心，以法水淨化內心無明染著；人心若是清淨無染，道理明澈，自然不會繼續造業。

每個人都能走入環保站付出，諸如慈濟環保志工同為淨化大地、人心盡一分力，卻各有背景——有人是好心好願，主動投入，積極使用生命，造就典範人生；有人曾紙醉金迷，顛倒人生，接觸慈濟後，改變習氣，轉迷為悟，付出一分力量。因此要廣為人間菩薩招生，將眾生過去習氣所造的業力逆轉，變成一分福的力量，人人牽手合心就是改善生態、拯救眾生的大力量。

第四部

永續

物盡其用，延續物命

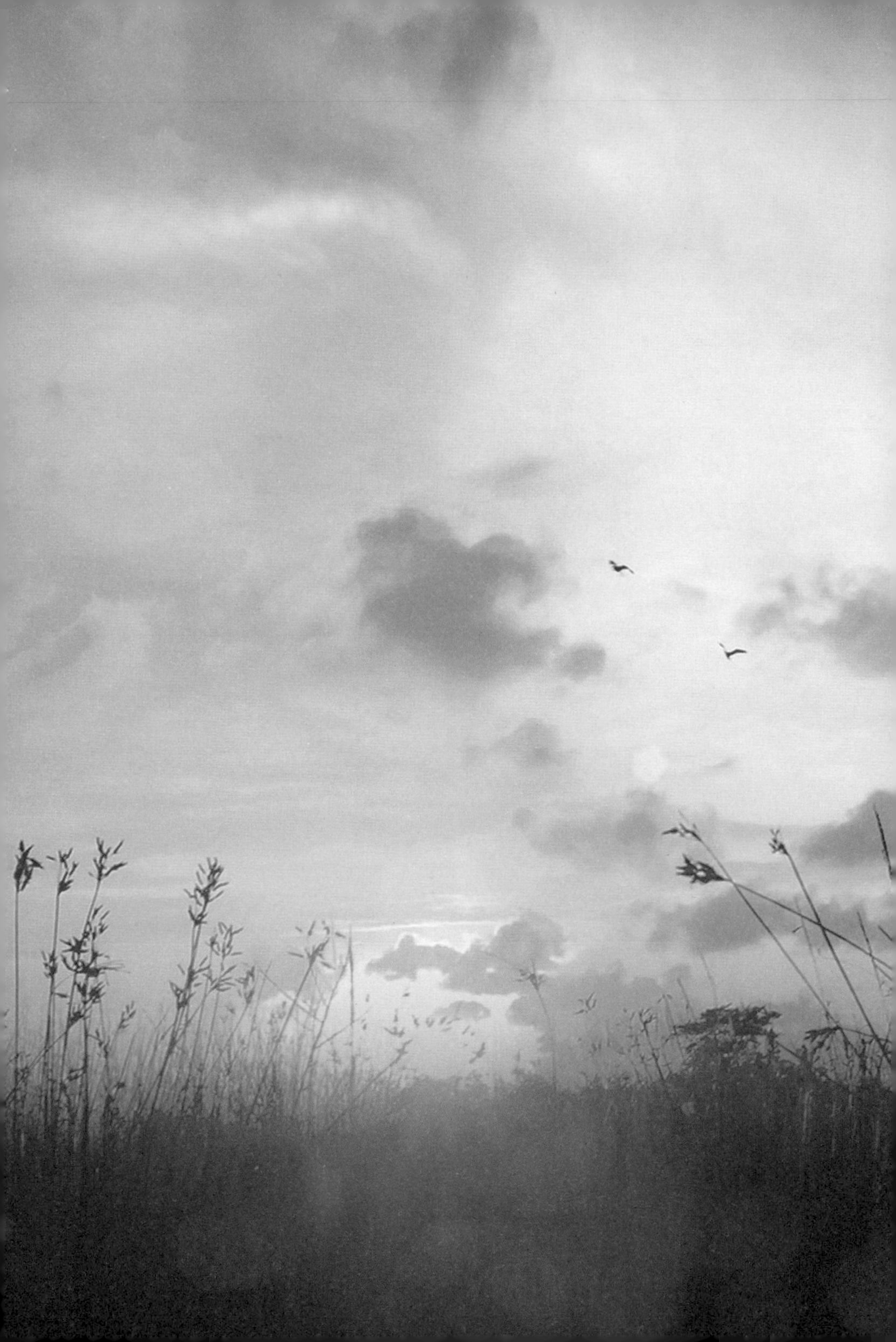

第一章

愛惜物命

可用的物資，
都是值得珍惜的寶。

——證嚴法師

85. 環保三十無所求

時間就是這樣過。雖然說感恩過去，也感歎現在與未來，現在感覺很深刻，時間帶走了每一天，每天有八萬六千四百秒。時間滴答滴答就過去了，秒秒隨著滴答的聲音，就這樣消逝，此時此刻八萬六千四百秒又剩下多少呢？

時間遞移之中物換星移，然而，我們環保菩薩的心志仍沒有變動。二〇二〇年是慈濟正式推動環保志業三十週年，八萬多位環保志工發心如初，持續以行動讓物命延續。

我們現在的時代，倚靠科技，破壞大地而擷取資源來製造商品，然後產生大量垃圾。三十年前，慈濟開始呼籲惜福，「垃圾變黃金，黃金變愛心，愛心化清流，清流繞全球。」這句話說出來，等於開一張支票。

感恩所有的慈濟人共同推動，一一推展環保理念；感恩我們的環保菩薩，一一湧現。這些老菩薩做得很開心、很歡喜。他們沒有支薪，也不求

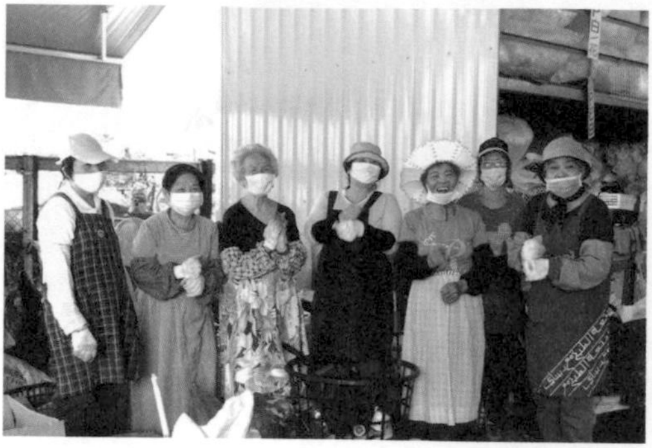

環保站的老菩薩們沒有支薪，也不求回報，卻各個做得很開心歡喜。
（攝影／林柏吟）

回報，都已經上了年紀，仍然發揮生命良能，從事資源回收、分類。

有的人付出的背後有企圖心，但慈濟人沒有任何的目的，只有心中的愛，因為不忍眾生大地物資被毀傷，所以愛物惜物——人人都可以付出。

慈濟推動環保志業三十年，社區中有無數環保志工投入資源回收、分類，精質的回收品則有大愛感恩科技這樣的社會企業，將回收品再製成生活所需衣物與用品，延伸了物命，讓資源再次循環利用。

慈濟人的智慧即是我們知道大地已經受到傷害，我們也認識什麼樣資源可以回收、以及如何分類。這些我們都知道、也認識，並且身體力行把資源進行分類完；之後發揮智慧，化無用為大用，回歸資源再製，那就可以千變萬化，再回歸到人的生活中，這就是智慧。

86. 自製環保分類輸送帶

我常常說「用心就是專業」，看看慈濟環保志工們，他們多用心啊！多疼惜物命。

有一回我到高雄各個環保站看看，其中一站，走進去就看到一排排的腳踏車，擺放得很整齊，乍看好像在賣中古腳踏車的專賣店。原來，這裡的志工將各式廢棄腳踏車統統回收，再將車體拆卸重組，好的部分留下來拼湊成新車，不能再使用的就資源回收。

重組後的腳踏車，每一輛的狀態都很好用，需要的人就可以買走。至於一輛腳踏車賣多少錢呢？志工們說，「隨便你給，一百、兩百，五百、一千，總之隨喜布施。」真是一舉數得，不僅讓環保物重生，所賣得的錢也可以再做善事。這些環保重生的腳踏車，也成為那處環保站的一大特色。

另外一站，一走進去就看到很整齊的兩排人站在一部機器旁邊，到底

這個環保站很科學，有點像是工廠的輸送帶，一條龍的作業方式。人不必蹲地彎腰，輕鬆站著就能做分類。
（攝影／張國徽）

在做什麼呢？原來在分類回收物。

大多數環保站內，都是一群一群人各自圍坐在一起進行分類；但是這個環保站很科學，有點像是工廠的輸送帶，一條龍的作業方式。

原來是有人發心設計製造機器，運用輸送帶運送回收物，讓很多幫忙分類的老人家不必再蹲地彎腰，輕鬆站著就能從事分類工作。而且輸送帶還可以調整速度，人多就快，人少就慢下來，十分科學又人性化。

那時候看到他的創作，覺得很天才，很有智慧，很肯動腦筋，不由得讚歎起他們。而他們也快樂地回答：「師父，您不是說，用心就是專業了！」

的確，用心就是專業。

87. 環保醫療用品大改造

有時到醫院的加護病房探望，會看到重症病人的四肢受到綁縛；一問之下，方知因為有些病人容易躁動，即使在意識不清的情況下，還是會拔掉身上的醫療管線。如此不僅危害病人生命安全，醫護人員還必須重新插管，不但增添病人痛苦，也讓家屬感到不捨，旁人看了也不忍心。

臺北慈濟醫院的醫護同仁疼惜病患，用愛心發揮智慧，設計、發明了九項環保醫療用品；其中一項即是特製的毯子，能隔開重症病人的四肢與身上的管線，取代一般綁縛的方式。

只是這樣小小的巧思跟用心，不僅善待昏迷中的病人，家屬看到也放心許多，也讓人體會到醫護們待病如親的愛。

此外，諸如廠商送來的裝藥容器，通常會丟棄；不過醫護同仁也用心思考，予以回收重製，改造為適合存放藥物於冰箱中的容器。又如為了讓檢驗用的小試管保持穩定不動搖，因此用回收的資源改裝成填充物，可置於試管與試管之間加以固定。這些看似不起眼的回收產品，像是量身訂製一樣，不僅品質很高、做工細膩，而且達到乾淨、無菌的要求，真的很不容易。

醫護同仁以慧心巧手，將普通的醫療廢棄品，回收重製成珍貴可用的醫療用品，既減少垃圾也是延長物命、節省支出。更重要的是那分用心，因為受到環保志工認真的精神所感動，因而發心效法，自我期許以環保志工的心情，進行資源回收與再製的工作。

還看到醫療團隊為了讓病人開心，醫師演出布袋戲，藥劑師入鏡拍攝影片，在在讓人感到醫療系統的活潑氣象，共同以付出無所求的精神照顧大地蒼生。

慈濟醫院的醫護同仁心懷大愛，是名副其實的菩薩心腸——呵護病人、疼惜人類、不忍地球受毀傷。這一分愛，不僅是敬天愛地，也是真正做到了愛的環保。

88. 廢土變身儲水槽

還記得靜思精舍要增建慈誠樓時，有一天我去看工程進度，地基、筏基已經做好了，我就問：「接下來的工程是什麼？」他們回答：「師父，等一下要把土回填了。」

我說：「回填廢土，不如做儲存雨水的設計，平時即能拿來澆花、澆草、澆樹木，做到水資源再利用。」

他們聽了覺得很有道理，就開始進行設計。

就這樣，到現在二十多年了，還是覺得這個方法很好用，甚至還可以充當機械冷卻水、馬桶沖水，節省許多水資源，也做到水資源再利用。

後來靜思精舍增建，因為常住眾與慈濟人愈來愈多，原有的大殿與舊觀音殿空間不敷使用，不得不擴大，但在考慮拆除重建時，我心裡又不斷對自己說：「不可以！」

這個大殿是在慈濟什麼都沒有，一切都很克難的情況下所建造而成；

為了建設大殿，我們當時負債七年，沒有請建築師，都是由我自己設計，所以這是一幢充滿紀念和回憶的建築。

而觀音殿最早是作為常住眾的寮房，當年也發揮很大的功能。每次打佛七時，大家就把東西搬出去，提供給前來打佛七的人住，那麼常住眾睡哪裡呢？等到晚上大家都就寢後，看看哪個走道沒人睡，他們就在那裡打地鋪。

雖然很克難，但也很溫馨，白天它當辦公室，晚上當寮房。

因此要拆除大殿與觀音殿，我內心很掙扎，除了捨不得，也慎重考慮：「拆掉之後又造成一堆廢棄土，我常說許多人為了蓋豪宅，動不動就拆房子，難道自己也要這麼做嗎？」

後來終於想出一個兩全其美的方法；用拆下來的廢土將中庭墊得和觀音殿同高，再把觀音殿兩道牆打通，做整體的裝修即成。這樣一來，可減少建築時所產生的廢棄物，也能真正利用可使用的空間和資源。

89. 廢棄物化身生活藝術

慈濟志工經常發揮巧思智慧，每每舉辦展覽或宣導活動時，大部分的布置品都是利用環保回收的資源所製成。

許多環保志工原本只是門外漢，因為投入協助布展，會合眾人的巧思、力量，有人專長做木工、噴漆等，就一起合作將回收的廢棄物變成藝術品展示。

此外，環保站中的瓶瓶罐罐還能化身成為應節的藝術品。像是環保志工集思廣益，運用回收物做成各種動物造型的花燈；大家仔細地用回收的塑膠繩做出架構、形狀，以廢棄光碟片裝飾，裝上燈就成了亮麗的各式環保花燈。這就是應節氣，發揮創意美化環境；尤其是大家做得歡喜，彼此腦力激盪，也能凝聚團結合作的情感。

慈濟環保志工費盡心思，平常收回的廢棄物經過他們的工巧手藝，就會變成美觀的藝術品，讓大家知道——丟棄不要的物質都還能再利用。就

慈濟環保志工費盡心思，平常收回的廢棄物經過他們的工巧手藝，就會變成美觀的藝術品。
（攝影／李汶瑛）

像是在市場常見捆貨、捆箱的塑膠繩，許多人剪開就丟棄變成垃圾，有些志工會每天前往定點收集，清洗乾淨後，較長的編製成堅固耐用的菜籃，短小的則製為筆筒等用品；有時還會編成玩具，訪貧時送給小朋友。

有一位志工「菜粽伯」，手巧的他只要就地取來竹子，隨手一削就成為烹飪用的鍋鏟，也有吃點心用的小竹叉等，大小不同的竹製品。

可見只要愛惜物命，多用一點心，即使是破銅爛鐵、已經要丟棄的垃圾，對環保志工而言都是寶。世間沒有無用的物品，直接丟掉變為廢棄物真的很可惜，還有延長物命的機會，運用腦筋就能妥善整理，惜福再利用；即使已經不能利用的，也能分類回收再製，將變賣所得用來做好事。

有一家工廠生產不鏽鋼原料，經常會有捲物料的厚紙筒，物料用畢就將紙筒捐給我們回收。慈濟志工見紙筒材質很堅固，可加以運用；正巧當時要辦一個回顧展，現場需要桌椅，還有布展所需的架子。因此志工們將紙筒鋸成高低不一，上面鋪一塊木板，再稍作裝飾，呈現別具味的格調；難以想像原本要棄之為垃圾，一轉念竟成了兼具實用與美感的藝術品。

90. 穿回收衣鞋，我惜福

現代人生活水平提高了，人人更要學習克制欲望。

有位臺北的環保志工，平常擺路邊攤賣小吃，家中布置簡單，很多家具桌椅都是回收而來；有時撿回來的衣服還很新，洗一洗、熨一熨就很漂亮，不僅自己穿用，還可以送人。

家中孩子受到父母節儉生活的薰陶，即使使用回收的物資，也用得很歡喜。有一次爸爸帶全家人來跟志工們分享，談到家人都是穿回收的衣服、鞋子，也讓孩子上臺，然後對大家說：「我兒子穿的這件夾克，也是從垃圾堆撿回來的。」小孩子很高興地站在臺上展示。

後來我問他：「小朋友，爸爸撿回來的衣服，你會不會排斥？」

他說：「為什麼要排斥？這些都很漂亮，穿起來很舒服。」

那時我聽了好感動，問他說：「你穿這些撿回來的衣服，同學會不會笑你？」

每一件回收的衣物， 志工們都細心地一一整理乾淨整齊。
（攝攝影／邱百豊）

他說：「為什麼要笑我？我是在造福。」多麼有智慧的話！

我說：「你這雙鞋子呢？」

他說：「也是撿回來的。」

他說得很自然，我說：「你真乖。」

他回我：「這是應該的，我們都要惜福，不應該再消福了。」

父母用愛付出，孩子會學樣。衣服的功用是讓我們遮體，是一種禮節；再來是讓我們禦寒，保持溫暖，只要整理得乾淨，穿起來合身，用錢買回來的和撿回來的有何差別？

其他日常用品也是一樣。其實有很多東西可以繼續用，有些人喜於汰舊換新，東西丟了再買；可知再買的新品也需要製作和原料的供應，製作的原料從何而來？就是從破壞山林的資源而來。破壞山林，水土便無法保持；水土無法保持，一遇到大風大雨，我們居住的土地就遭到破壞，最終受害的還是自己。

還有冷氣機、電視機、電腦等等，不斷推陳出新更好用、更多功能，大家就紛紛淘汰換新，形成更多垃圾。倘若不要那麼快就淘汰，垃圾場就會少了這些垃圾，家裡也不必花錢再添置。

若真的需要購物，也要慎選材質，像塑膠類、保麗龍類等，很難腐爛；多選擇自然材質的物品，循環使用，才符合自然；就如以前的衣服都是棉織品，種子會合水、太陽、空氣，在土地上生長，之後採棉花、抽絲、織布，做成衣服，穿到破了，將衣服變成尿布、抹布等，直到不能用，埋在土裡腐化變成有機肥養育萬物，回歸自然。這無不都是人的智慧；能惜福、愛物，就能合於大自然的生活，社會也會更富有。

91. 回收衣、物獲得重生

大家每天都在製造垃圾，不過被丟棄的每件物品，真的都是垃圾嗎？有一次我經過一處慈濟環保站，進門看到一排很漂亮的桌椅，伸手一摸，材質很好。

身旁一位師姊說：「師父，這是人家丟棄舊的『八仙桌』。」以前八仙桌都是用很好的原木料所製，我們的環保志工看到有人棄置不用，就會回收回來，稍微損壞的就動手修理，有些還完好堪用，只要用心刷洗後，又是煥然一新；經過整修，搭配椅子就當作開會用桌。

現代社會物資充裕，有的人反而不會珍惜，許多物品都還完好可用就被丟棄。如那些八仙桌，還有許多沙發、櫥櫃等，都是人們搬家或舊屋重新裝潢整修時所丟；若非環保志工撿來再利用，就會被拆解變成垃圾，真的很可惜。想想原本花不少錢買來的家具，輕易的就變成垃圾。

環保志工珍惜物命，回收來的舊風扇只要換上螺絲，一樣可以使用。
（攝影／黃筱哲）

人往往為了「欲」，而產生消費心態；然而欲念沒有止盡，購買無度，而後又丟棄成為垃圾。一天，到臺北慈濟醫院的環保站走動，看到許多漂亮的物品——衣服、鞋子、雨傘、玻璃與陶瓷藝品等，應有盡有，猶如委託行。有位師姊來看我，穿著一件漂亮的衣服，她對我說：「師父，這件衣服就是在這裡買的，是回收的。」

我在現場還看到好幾件布料不錯的新西裝，連標籤都沒拆。聽到環保志工說，這些都是回收人家不要的。其實，若是參加正式場合，這些西裝穿起來還是很體面、有型，為何還要不斷購買呢？消費過度就是浪費，不斷地汰舊換新，最終成了垃圾，看了感到好不捨。

環保志工珍惜物命，盡心盡力回收，讓它們重生，再發揮功能。做環保不僅是疼惜物命、延長物命，同時也延長地球的壽命。

物品的壽命，就是被利用的時間；如我年輕時親臨的經驗：看到一只手錶，錶店的人說：「這只錶保證幾年壽命。」剛聽聞也覺得說法很新鮮，其實就是可以讓我們使用幾年；或如醫院採購儀器，廠商同樣會說儀器「壽命」幾年。若能珍惜物品，使用久一點，就是延長物命。

92. 二手資源成時尚主流

二手資源的回收再用，很高興也受到學校老師、同學的重視。曾有嶺東科技大學流行設計系就主動到慈濟東大園區環保教育站尋寶，我們志工更組成團隊，特別規劃了東大園區「巧藝坊」的介紹與課程。

學生告訴我們，老師說環保是未來趨勢，當有一天資源用盡時，二手資源就是未來的主流。所以同學上網開始找資料，知道國外流行的「古著」其實就是一種二手時尚，所以才到環保站了解如何與學校課程結合。

從學校老師的教育，到學生們對環保的用心，都表示我們環保教育向下扎根，已經展現成績，這是相當值得鼓勵的事。

我們環保站的志工們，不只有一雙最美麗的手和腳，持續做環保；他們的手也很巧，像是很多廠商資源回收而來，為延續物命，志工們會依不同的材質來製作物品，圍裙、袖套、筷子袋……甚至回收的牛仔裙或褲，都可改製為漂亮實用的提袋。

嶺東科技大學流行設計系就到慈濟東大園區環保教育站尋寶，思考如何運用二手資源延續物命創造新生命。
（攝影／李惠伶）

有個同學便說：「這個環保站好整齊！」當場，志工也提供相關資源，讓學生們可以運用這些材料，想想看可以如何發揮？同學們也很快進行分組討論，發揮創意，拆下衣服的縫線、裁剪、蕾絲、內裡襯，再運用現場淡雅的花布，開始組裝，車縫；一個多鐘頭後，有了日本風味的髮飾、手環、及一件無袖的俏麗短版上衣，作為搭配短褲或短裙的整體造型服裝。

學生們都收穫滿滿，返校後也會思考如何再運用二手資源回收延續物命創造新生命；也會與老師分享，讓學弟妹們都能安排到這裡來做學習。

這就是「知福、惜福、再造福」；感謝老師、感謝志工，為這些學生們的學習花費心力，更感動這些同學的創意與用心。

93. 起家的小攤車

臺東有對夫妻，他們平日以賣早點維生，不論春、夏、秋、冬，三百六十五天長期都是清晨兩點鐘起床，準備開店，他們還是用傳統的方式，起爐灶生火來煮早點，而不使用電或瓦斯，因此平時做完生意，還要到海邊撿拾漂流木、廢木料作柴薪。

夫妻倆早年推著攤車沿街叫賣，如今有了店面，還不捨那臺陪伴他們起家的小攤車，仍然留著做生意。他們並非負擔不起，而是真正地勤儉持家，惜福愛物。

在九二一大地震發生後，這對夫妻奉獻大愛，不吝惜地捐出鉅額善款，都是點滴累積的積蓄。他們讓我們見證了，真正克勤、克儉、克難的生活。

什麼叫做「克己」？就是要「克勤、克儉、克難」，身勤節儉，不要浪費，且能愛物、惜福。這兩個字，很值得大家反省：不論貧富，都與大地共生息，所以人人都有責任，多用一點心，克制自己享受的欲念；生活中的待人接物、身心調整、禮儀形象等，都必須從克己做起。

「克勤」，生活中要勤於打拚事業、照顧家庭，善用時間付出大愛幫助別人，提升我們的生命價值。「克儉」，在食衣住行中有很多節省的方式，首先必須克服自己的欲望，才能凡事儉省。「克難」，時時堅持住正確的心念，無論面對何人、何事，即使很艱辛、不喜歡，也要勇於面對，並且加以克服。

所以人生總要有那分毅力、勇氣，必須先自我克己；倘若沒有克服自己，意志力很快就會墮落，而無法發揮出真善美的力量。

「克己」必須確實從個己做起，遠離奢華，回歸質樸，進而做到「心寬念純」——「心寬」天地寬，能包容萬物而無怨尤；「念純」則不受污染，以真善美的心，關懷一切萬物。人人都有力量與責任，只要大家珍惜資源、知足寡欲、勤於付出，恢復人道精神及倫理道德，如此天地的運作就能順暢，大自然風調雨順，世間才能無災難。

第二章
惜福再造福

克己，
則能減少碳足跡。
——證嚴法師

94. 環保是一個心念

有次聽慈濟大學一位教授提出報告——如何讓垃圾變成綠色能源？我告訴她：「有這樣的構想很好，還可以到慈濟臺中志業園區，觀摩他們的廚餘屋。」

我曾聽過廚餘屋的志工分享，如何將廚餘做成無毒的堆肥，不僅能作為植栽、作物的最佳肥料，滋養大地，而且製作過程中所化出的液體，還可暢通馬桶、水管的堵塞；垃圾搖身一變，用處可多。

有次看到新聞報導，還有一位專家研究出如何從垃圾萃取出酒精，作為生質燃料，將來即能節省石油的耗用等，這都是用心將垃圾變成可利用的資源。

其實天地萬物無一不可用，物盡其用之後，再回歸滋養大地；或是轉化能再提供民生，對人類都有大用。

近年來糧荒問題令人擔憂，倘若自然生態持續惡化，土地污染、氣候

經過簡易淨化處理，就可以重複使用於非飲用水上，還利用這個系統營造出一個自然生態池。
（攝影／蕭嘉明）

失調，如此儘管工業再發達，經濟再富裕，一旦土地無法生產農作，就會出現嚴重的糧荒。

高雄有位志工，初次與我見面時，我告訴他：「既然你很擔心未來的糧食，是不是思考如何改良土質，以有機農耕生產乾淨的五穀雜糧。」不久後他告訴我，在他和他的外甥努力之下，將原本要種植牧草的一千多公頃土地改成有機農地。

環保都在舉手投足間的一個心念，慈濟志業的建設，努力朝環保建設的方向。如新店慈濟醫院設有回收熱能的熱泵，不但能製造冷氣，還能提供每個病房溫熱的洗滌用水。

大林慈濟醫院的夜間照明，則是利用白天儲存的太陽能，而且設有中水回收系統，經過簡易淨化處理，就可以重複使用於非飲用水上，還利用這個系統營造出一個自然生態池，有許多蝴蝶、蜻蜓飛舞，青蛙、蝌蚪在水池悠游，都是城市難得一見的生物，能體會自然之美。

95. 不用砍樹做的回魂紙

有一天早上我要出門前，有人拿了一疊信封及紙張告訴我：「師父，這是再生紙做的。」

我看了看說：「很漂亮嘛！」

一張紙的命，可以再生、再複製、再復生，我們疼惜它，它的命可以延長；回收後再製的紙，現在叫做「再生紙」，從前稱為「回魂紙」。回魂，就是又活回來了，本來是沒有用丟掉了，把這些廢紙撿回來再製，重複使用，讓它死而復生，所以叫做回魂紙。

現在幾乎人人手中都有筆記本，隨時可以抄寫，使用電腦列印文件也很方便，但如此一來，紙張用量就很大。但是大家有沒有想過，我們用的紙張從哪裡來？

就是砍樹木。

地球的資源有限，大量砍伐樹木的結果，容易導致土壤流失，失去水

一張紙的命，可以再生、再複製、再復生，我們疼惜它，它的命可以延長。
（攝影／張國徽）

土保持功能，因而一下大雨，我們就常常看到很多地區發生土石流。再說，樹木可以吐新納垢，讓人類有新鮮的氧氣可用，空氣也能常保清新；若是空氣中失去氧氣，污染嚴重，就會影響天氣。

維持地球的健康，人人有責，我們只要回收五十公斤的紙，就能少砍伐一棵二十年的大樹。人人手中的紙，不只利用一次，還能無數次不斷回收，無數次再利用，能夠如此，就不必一再砍樹了。

目前社會知識水平提升，資訊豐富，需用很多圖書，辦公時動輒傳真、影印，都需要用紙；紙張必須砍樹製造，過度使用，相對的就需砍伐更多樹木。因此我們應該珍惜每一張紙的功能，而且要運用於文化宣揚，這是不但惜福也是修慧。

96. 回收物成為造景

環保志工們呵護著大地，看到一些物品被丟棄，就撿回來分類回收再製；不可回收的物品，就想辦法化腐朽為美麗的景觀，在在令人讚歎。

在高雄柳橋的慈濟環保站有一條白色的小路，原來是收集被丟棄的高爾夫球，所鋪成的健康步道，很有智慧。他們還廢物回收，仔細地挑選素材，利用廢料造出一座涼亭，讓矮籬開滿塑膠花，綠中有紅，頗具巧思。

另外有個壞掉的石磨，很有禪味地堆疊在空地上，再引來水流，接上竹管，水聲潺潺，下面水池種上蓮花，有著滌淨心靈之效。在環保場看不到不整齊的回收物，這都是志工們「掃地、掃地、掃心地」，以及「挑柴運水無不是禪」的具體實踐。

環保志工並非藝術家，也不是大學問家，卻個個都是呵護大地、美化人生的人間菩薩。人生只要有心，沒有困難的事，融合經驗就是專業；以回收物造景，還能藉此教導大家，哪一樣可以回收，或是不能回收，以及為什麼要做回收的原因與意義。

聽說有位幼兒園的小朋友聽完志工的解說之後，突然對志工說：「對不起。」

志工問他：「為什麼？」

他說：「昨天老師說要帶我們去環保場，我很不高興，為什麼要帶我們去垃圾山？我今天才看到了，原來是青山綠水很漂亮的環境；我學了很多，感恩。」

小孩子來到這樣的環境裡，就會啟發他們純淨的智慧，這是大自然的教室。我們看到有許多家庭，父母親投入環保，將孩子也帶入環保場，當作遊戲的空間；做環保是最好的遊戲。這群孩童，他們知道不要貪心、貪玩，而懂得惜福、不浪費，可謂寓教於樂。

有個四歲的小朋友常去環保站做環保，平常在家所玩的玩具都是環保回收的，有人問他：「再買一個新玩具給你好不好？」

以回收物造景，還能藉此教導大家，哪一樣可以回收，或是不能回收，以及為什麼要做回收的原因與意義。（圖為泰國靜思堂慈濟環保教育站的外觀）
（攝影／蘇品緹）

「不要，太浪費了。」

有時候跟著媽媽到外面，還會對媽媽說：「媽媽，稍停一下，那裡有寶特瓶。」趕緊去撿拾，這種無貪念而知惜福、造福，從小就可以培養。

在環保站不僅發揮回收、資源分類等等好的功能，有些還會將回收站的周圍路口，布置成大自然的景觀，儼然是一個自然教室；很多老師都會帶學生來上環保課程，寓教於樂。

97. 種樹惜「材」更護命

有一位企業家，他發心立願要種樹。

他跟我說了這件事，我告訴他說：「樹很重要，樹可以保護大地、可以產生芬多精，但是等到這棵樹長大，要幾十年時間，才會長得很茂盛、根扎很深，變得茁壯。最重要的是，不要再砍它、要保護它。

種樹當然是好事，但是不要再砍樹，才是真的保護大地。就像不要再養牲口；現在為了養牲口，天地的樹林也被砍了，草叢也除光了，為的就是要養殖動物。」

為了滿足人吃肉的欲望，人不惜破壞自然生態來畜養動物，當生態失衡，人也從吞食生靈中遭受病毒反撲。

看到殺生那樣的情景，那種怨氣愈來愈旺盛，一種「你殺我，我要報」那種幽冥，我們感覺到了——天叫做天氣，日本人叫做病氣（びょうき）。這種氣，怒氣已經不斷提升，就像以前人說的：「心狂火熱。」

回收再製的淨斯環保衛生紙，是用餐盒乾淨的邊角料製作而成，用完後，能直接沖到馬桶化有為無，讓環保不是口號，而是完全落實在生活當中與大眾結緣。
（攝影／馬順德）

指的就是怒氣。

即時齋戒，停止殺戮，不僅是為動物請命，也是為自己創造生機。世間沒有無用的人事物，不要輕視任何一個物品與生命。

我們現在要回歸心平氣和，提升愛心，我們還要虔誠地祈禱，懺悔過去，我們改往修來，要愛護動物、愛護人物，愛護這個物命，不要隨手丟掉變垃圾——這些可以用的東西，都叫做物命。

不管是一張紙、一塊連鎖磚，我們都化無用為大用。只要用心，天下沒有無用的物；就算是我們每一個人，都沒有無用的人，每一個人都大有可為的潛力。只要發心，多說一句好話、一個正向的態度，都可以去感動人。

推素是我們必定要進行的方向，大家相互學習，讓自己和身邊每個人，都能從心裡認同茹素對人世間的重要性。

第三章

環保新科技

希望大地資源不短缺，
必須從懂得珍惜開始。
——證嚴法師

98. 會呼吸的連鎖磚

臺灣九二一地震發生後，我不斷在想：為什麼會發生這麼大的地震呢？是不是整片大地都被傷害了？

看看我們的都市裡，到處都是柏油路，每一吋土地幾乎沒有呼吸的空間。就像皮膚的毛細孔阻塞，人就會生病。土地也是一樣，大量的水泥柏油覆蓋地面，下了雨，水分回不到土裡，地底熱氣也散不出來，土地就會生病。而大地震，就如同密封的皮膚突然崩裂。

在興建大愛屋時，我提出「要讓大地有呼吸的空間，讓大地能回收雨水」的想法。在慈濟建築中連鎖磚的鋪設，就是從那時開始。下雨時，雨水可以直接滲透回歸大地；二來連鎖磚也可以回收再利用，永續環保。

我和大家分享這樣的想法後，雖不知道是否符合科學，但卻是安心。我覺得安心就是環保，安心就是最科學。

鋪連鎖磚雖然很辛苦，但也就是因為這樣，片片地磚寸寸愛，你一

淨斯福慧環保連鎖磚是使用紙盒、紙杯內的防水塑膠膜製作而成，是實實在在的環保產物，雨水可以直接滲透，回歸大地，連鎖磚本身也可回收再利用，永續環保。
（攝影／楊國濱）

塊、我一塊，不斷不斷地鋪排起來，鋪出了連鎖的愛。老人家來鋪，小朋友也來鋪，慈誠隊、委員、社區志工、醫護人員……甚至沒有手的人也可以鋪，這就是用心鋪出來的，用滿懷歡喜來鋪這片大地。

所以我都稱鋪連鎖磚為「連鎖愛」，不只一塊接著一塊，在鋪的過程裡，也是一個人傳給一個人，一直傳接下去，用汗水、用愛鋪起一條條道路。

在九二一災後，我們援建組合屋當作災民的臨時住屋，地面不鋪水泥，社區空地或道路便是鋪設連鎖磚。組合屋功成身退後，慈誠隊惜物、愛物，細心拆卸，一個小螺絲、每一塊木板都收拾得很整齊，一一回收，沒有留下任何垃圾，原地歸還。拆除連鎖磚時，慈濟人同樣一塊塊回收、清洗、打包，再疊整齊；何處需要這些回收的建材，就送到該處再利用，一點都不浪費。

99. 回收物的無用之用

資源無不含藏在大地裡，持續被消耗的結果，就如金庫原本存有許多珠寶，若常常取出使用，久了金庫也會空。因此應珍惜含藏在大地裡的資源，至於已取得的資源，能不斷地重複使用，就不要輕易丟棄，既浪費又造成污染與垃圾問題。

其實天地萬物生滅變異，物廢歸源又復生。環保志工知道大地能源有限，物資可以回收再運用，所以多年來，我們推動環保回收、分類，用智慧與愛心為這一片大地，為社會人類所需要的物資、物流再利用；我們有一群科學家、企業家，也很用心，組織起來付出讓廢物重生。

物理是永恆的，而萬物的形體能隨相受用。如寶特瓶放在大家的眼前，都能毫無懷疑地說「這是寶特瓶」，因為形狀、體積都已固定；其實製成寶特瓶的原料也能製成水桶，水桶可裝淨水或污物，都是隨其形象而受用。不論製成的成品是什麼形，廢棄後再復原，還能換另一個形再利

只要用心回收，仔細分類，垃圾也會變成資源——提供再製，成為新的用品，就不必多消耗大地資源。
（攝影／顏偉明）

用。所以將丟棄的物資回收，並且回歸乾淨的原料，還能再製造上等物料，提供人們使用。

萬物皆有道理，法都相同，我們要多用心體會天下物事，包括人與天地萬物，生滅、生死都在輪迴中循環不息，物命再生的道理也是一樣。環保回收要持續廣泛地提倡、推廣，每一種回收物有其不同的資源，塑膠有塑膠的用途，銅有銅的價值。

每次到慈濟環保站參觀，志工們都歸類得非常整齊。只要用心回收，仔細分類，垃圾也會變成資源——提供再製，成為新的用品，就不必多消耗大地資源。人口愈來愈多，所需求的物質也愈來愈多，如果大家都能做好回收，物質不欠缺，垃圾也會減量。

100. 寶特瓶的華麗變身

有一年春節，許多人到靜思精舍過年，正好看到志工在宣導鋁罐、寶特瓶應如何回收，志工們告訴我：「寶特瓶不好處理，儘管我們已經整理得很乾淨，回收商也不大願意收。」

聽了以後心想：寶特瓶是用石油所提煉製成，與尼龍、特多龍、開司米龍等多種紡織質料的原料都相同；若能將寶特瓶回歸於原料，是否能再製成帆布、環保袋？帆布也可再製成國際救災用的帳棚。因此便說：「是不是有人能研發如何把寶特瓶回歸原料？試試看能不能做一些布。」

有位中部的慈誠隊員在旁聽到，他說：「好，我來研究。」

相隔不到一年，他拿回寶特瓶還原再製的不織布，質地很堅固，讓我對環保科技的研發大有信心。後來因為多次國際賑災的經驗，感到援助災難所需很多，包含食、衣、住、行等，在在需要合適的物資。因此希望能多研發，減少資源消耗，以環保的方式製作營養的食物，或是保暖的衣物等；不僅當下救助苦難眾生，同時為後世留下乾淨的土地、充足的資源。

當時先請從事紡織業的慈濟人，協助引介人才，希望朝此方向投入研發。起初嘗試研發居住的帳篷，所做出的帆布太重，會造成運輸的負擔；若布料過薄，又擔心不能隔熱、保暖。於是他們繼續研發，後來所製的布較薄，使用雙層構造，中間有空氣，能隔熱、保溫，既輕巧又方便。

看到帳篷的品質做得這麼好，布的質料很柔細，因此進一步提出：「能不能做成毛毯？」因為除了提供災民臨時的居住之外，也可以給予禦寒衣物；棉被稍嫌笨重，毛毯是春、夏、秋、冬都能使用。接著他們成功研發用一百支寶特瓶製成一條毛毯，之後愈加精密，減少消耗，所需寶特瓶愈來愈少，迄今已成功減少至六十支寶特瓶。

二〇〇四年成立的慈濟國際人道援助會，成員來自各行各業，研發各種適合的援助物資，目前研發最成功的即是寶特瓶還原再製的布料；先將寶特瓶分解碾碎成瓶片，再進行紡紗。我們將紡成的「寶特瓶紗」稱為「大愛紗」，除了製成毛毯之外，還有衛生衣、褲，以及兼具防水、保暖

慈濟國際人道援助會研發各種適合的援助物資，其中最成功的即是寶特瓶還原再製的布料，如毛毯、大衣、睡袋及T恤等等。
（攝影／邊靜）

的大衣等，都已織出成品。

研發小組對基礎技術力求純熟精練，已達七支寶特瓶能織成一件夏天的短袖T恤，還有冬天的毛料夾克、保暖睡袋等等，這些物資無論是冬令發放，或是任何國家地區發生災難時，都會成為人道救援的物資。

由於寶特瓶原本即是盛裝飲料所用，因此儘管是回收的物品，織成的布很乾淨，經過測試也證明對人體無害。尤其慈濟環保志工回收寶特瓶分類時，會細心地取下瓶蓋及瓶口圓環，並一一拆除瓶上的塑膠膜，保持乾淨，而後清楚地依顏色分類；抽紗紡織的過程中，不必再染色增加污染，以原色所製成的布料不但色澤漂亮，質料也很柔軟、舒服。

有次美國慈濟人將第一批環保布料所製成的衣服，帶至德州展示。當地市長及市政府的人看到後，紛紛提問：「寶特瓶回收後，真的能夠變成質料這麼好的布？」又說：「你們可以大量生產嗎？讓我們市政府的職員都能穿這種環保衣。」也曾有路透社的記者前來採訪，可見我們將資源回收、節能減碳所開出的這條環保生產之路，已獲得國際認同。

慈濟人持續研發各種環保材質，現在大理石粉、咖啡渣也能添入製作衣服的原料，添入環保紗後變成「咖啡紗」，有去除異味的效果。添加大理石粉的布料所製成的衣服，不僅摸起來細緻，用水噴灑後還會讓人感到冰涼，若是天氣較為炎熱，只要流一點汗就會有冰涼感。

寶特瓶回收後的良能真多，不只是冰紗，還有保暖的外套，穿著進入零下二十度的冰庫，能維持兩個多小時的溫暖。為了讓慈濟志工也有合適的衣服，因此研發出有防污功效的白褲，無論沾染泥水、紅土，用清水稍微沖洗就會乾淨，現在還要更進一步，研發能抗菌的布。

將回收資源多元化，製成各種優質產品，真是很奧妙；日常生活中盡量節能減碳，多用回收再製的物資，是人人對大地應有的本分事。

101. 價錢與價值

一般人在生活中常常隨波逐流，看到別人穿好、吃好、住好，就認為那是好的。其實，同樣的一件衣服，胸前多一塊牌子，價錢就差數十倍。

多年前，有位新進慈濟委員，做委託行生意，因為常出國買衣服，我就問她：「為什麼要到國外買衣服？」

她說：「我的老主顧們若知道我去國外一趟回來，店裡的生意就會好很多。」

我問她：「一件衣服能賺多少錢，跑那麼遠，來回旅費怎麼夠？」

她說：「不好意思，一件衣服有的要一萬多元。」

我聽了嚇一跳，那時候的一萬多元，可是一筆不小的數目，就問：「是什麼樣的衣服？是貂皮大衣還是什麼稀有質料？」

她說：「不是，皮草一件可能要上百萬元。」

聽了真是難以置信，一件普通的衣服居然要價一萬多元。她舉了一個例子，有件襯衫掛在店裡很久，每個走入店裡的顧客，都會看看、摸摸而覺得不錯，一看價格是八百元，就放棄了。後來有位老主顧來她店裡逛就問：「這件衣服很漂亮，是港貨還是臺灣的？」

她說：「那是我兩個月前去香港拿回來的。」

老主顧就問：「真的嗎？怎麼這麼便宜？」

她開竅了，老主顧離開後，她就將這件衣服的標價取下，多寫一個零，變成八千元。隔天開店，這件衣服就被買走了，不過她感到賺得心不安，將那多出來的錢全數捐作善款。

這只是反映出買者的一種虛榮心作祟。難道穿上這件衣服，逢人就向對方說：「我穿這件衣服是八千元。」穿衣不就是為了要保暖、適禮嗎？

世間什麼是寶？可用的物品才是寶，譬如沒有飯吃的時候，珠寶不能填飽肚子；沒衣服穿的時候，即使全身戴滿寶石，還是會冷。所以，世間萬物都有其功能值得我們珍惜。

近年來，看見寶特瓶的回收量很多，就請人研發能再製成什麼，經過反覆研究實驗，終於做成輕薄保暖的毛毯，我們將這些毛毯運用在急難救助、冬令發放，溫暖許多苦難人的身心。

後來因毛毯的質料很好，觸感很舒服，就再製成衛生衣，和新的衣服質感毫無差別；原來許多衣料的成分也是來自石油，與寶特瓶的原料一樣，因此回收再製，做出的成品也相同。

也許有人認為不敷成本，從收集寶特瓶開始，需要耗用多少人力、時間，還要回收、分類，再清洗、磨碎，才能製為成品；但是我認為這些環保毛毯、衣物，價值不菲，因為那些寶特瓶，若不回收再製，就會形成垃圾，還要多消耗地球資源製衣。環保毛毯衣物既減少垃圾，又能保護地球資源，價值不是很高嗎？

只要有心，一切都在人為。大地資源總是有限，我們應思考如何減少消耗，為孩子們留下一片乾淨的土地與充足的資源；因此日常穿著簡單樸素，夠用、適用就可以。重要的是，藉由穿著表現自己氣質與禮儀，才是衣著裝扮的最高價值。

靜思人文 JING SI CULTURE 改變世界的雙手——101個環保的善行

作　　者 / 釋證嚴
共同策畫 / 蔡青兒
總 編 輯 / 李復民
責任編輯 / 陳瑤蓉
文字校對 / 郭盈秀
美術編輯 / Javick工作室、陳香郿
專案企劃 / 蔡孟庭、盤惟心
內頁圖像：慈濟慈善事業基金會文史圖像資料組
內文資料來源：《清貧致福》、《清淨在源頭》、《與地球共生息》、
慈濟慈善事業基金會新聞稿、《慈濟月刊》

出　版 / 遠足文化事業股份有限公司（發光體文化）
發　行 / 遠足文化事業股份有限公司
地　址 / 231新北市新店區民權路108之2號9樓
電話：(02) 2218-1417　傳真：(02) 8667-1065
電子信箱：service@bookrep.com.tw
網址：www.bookrep.com.tw
郵撥帳號：19504465 遠足文化事業股份有限公司

讀書共和國出版集團
社　長 / 郭重興
發行人兼出版總監 / 曾大福

業務平台
總經理 / 李雪麗　副總經理 / 李復民
海外業務協理 / 張鑫峰　特販業務協理 / 陳綺瑩
實體業務經理 / 林詩富　專案企劃經理 / 蔡孟庭
印務經理 / 黃禮賢　印務主任 / 李孟儒

靜思人文志業股份有限公司
地址：臺北市忠孝東路三段二一七巷七弄十九號一樓
電話：02-28989888
傳真：02-28989889
郵政劃撥：06677883 互愛人文志業股份有限公司
網址：http://www.jingsi.org

法律顧問 / 華洋法律事務所 蘇文生律師
印　製 / 凱林彩印股份有限公司

2020年9月23日初版一刷　定價：380元
ISBN 978-986-98671-4-6　書號：2IGN0001

團體訂購請洽業務部(02) 2218-1417分機1132、1520
讀書共和國網路書店 www.bookrep.com.tw

國家圖書館出版品預行編目 (CIP)資料

改變世界的雙手：101個環保的善行 / 釋證嚴作 . -- 初版 .
-- 新北市 : 發光體出版 : 遠足文化發行 , 2020.09
　面；　公分 . -- (靜思人文)
ISBN 978-986-98671-4-6(平裝)

1.佛教說法 2.佛教教化法 3.生命教育 4.環境保護

225.4　　109011798